江苏省“十四五”时期重点出版物出版专项规划项目

幼儿园劳动教育丛书

刘颖 虞永平/主编

让儿童的生活充满智慧

幼儿园工程劳动教育园本化实践

谈海燕 徐芳 唐胜娟 华夏冰 潘晓艳 陈奕 著

江蘇鳳凰教育出版社
Phoenix Education Publishing, Ltd

感谢您使用本书。您在使用时如有建议或发现质量问题，请联系我们。
【内容质量】电话：4008283622
【印装质量】电话：4008283610

图书在版编目（CIP）数据

让儿童的生活充满智慧：幼儿园工程劳动教育园本化实践 / 谈海燕等著. -- 南京：江苏凤凰教育出版社，2024. 10. --（幼儿园劳动教育丛书 / 虞永平，刘颖主编）. -- ISBN 978-7-5743-1244-9

Ⅰ. G613.3

中国国家版本馆 CIP 数据核字第 20241GW069 号

幼儿园劳动教育丛书

书　　名	让儿童的生活充满智慧——幼儿园工程劳动教育园本化实践
作　　者	谈海燕　徐　芳　唐胜娟　华夏冰　潘晓艳　陈　奕
出版策划	刘　煜
责任编辑	严小英
出版发行	江苏凤凰教育出版社（南京市湖南路 1 号 A 楼　邮编210009）
苏教网址	http://www.1088.com.cn
照　　排	江苏凤凰制版有限公司
印　　刷	江苏扬中印刷有限公司（电话：0511-88420818）
厂　　址	江苏省扬中市大全路 6 号
开　　本	787 毫米 ×1092 毫米　1/16
印　　张	15
插　　页	1
版　　次	2024 年 10 月第 1 版
印　　次	2024 年 10 月第 1 次印刷
书　　号	ISBN 978-7-5743-1244-9
定　　价	58.00 元
网店地址	http://jsfhjycbs.tmall.com
公 众 号	苏教服务（微信号：jsfhjyfw）
邮购电话	025-85406265，025-85400774
盗版举报	025-83658579

序

劳动对人类而言，有着特殊且重要的价值。劳动能够创造财富、创造世界。劳动对个体的发展更有着不可替代的价值。劳动能够让人发现自我、改造自我、确证自我，因此我们说，劳动“使人真正成其为‘人’，根本超越了动物界”[①]。劳动是人全面发展的重要途径，劳动教育是全面发展教育体系的重要组成部分。在2018年的全国教育大会上，习近平总书记特别强调了劳动教育的重要性，强调要在学生中弘扬劳动精神，教育引导学生崇尚劳动、尊重劳动，懂得劳动最光荣、劳动最崇高、劳动最伟大、劳动最美丽。2020年3月，中共中央、国务院印发了《关于全面加强新时代大中小学劳动教育的意见》，强调了劳动教育是中国特色社会主义教育制度的重要内容，并要将劳动教育纳入人才培养的全过程。

遗憾的是，在过去的一段时间内，有关劳动教育的政策话语和研究热点主要出现在大、中、小学阶段，对幼儿园劳动教育的研究处于相对滞后的状态。然而，我们不能就此忽视劳动以及劳动教育对幼儿发展和学前教育质量提升的意义。

劳动活动是幼儿综合的学习。劳动需要动手。年龄较大的儿童，以对间接经验的学习为主，学习的场所能够发生在课堂中，学习的方式能够以讲解为主。而幼儿是在直接感知、实际操作、亲身体验的过程中学习的。让幼儿获得经验，就是让幼儿去做事。幼儿的劳动，就符合这里所说的做事的特点。劳动对幼儿学习的意义直接体现在为幼儿提供了更多做事的机会。

劳动能够促进儿童全面的发展。尽管劳动强调身体的参与，劳动教育强调劳动态度、劳动习惯和劳动情感的涵养，但其价值绝不仅仅局限在身体发展和价值

① 赵敦华，孙熙国．中西哲学的当代研究与马克思主义哲学创新［M］．北京：人民出版社，2011：298.

观的培养上。劳动的过程，是多个领域的经验有机结合的过程，也指向多个领域经验发展的过程。杜威在中国访问演讲时，就曾对南京高等师范学校附属幼稚园养蚕一事深有感触，并以此阐释劳动对学前儿童多领域发展的综合作用。

劳动教育是落实《3—6岁儿童学习与发展指南》（以下有时简称《指南》）精神、提升学前教育质量的重要抓手。劳动教育重在亲身参与和实践，强调幼儿动手能力的发展。开展劳动教育，为幼儿提供了丰富的直接感知、实际操作和亲身体验的学习机会，有利于改变学习方式小学化的倾向。劳动教育关注对儿童劳动素养的培养，促进儿童体、智、德、美和创造力的全面发展，有利于改变当前教育中“扬心抑身”的倾向，能更好地落实《指南》精神。

尽管劳动教育未曾远离过我国幼儿园教育实践一线，我们在幼儿园中也总能看到这样那样热火朝天的劳动场景，但有关幼儿园劳动教育的理论与实践还充满着挑战和难题。例如，如何在我们的课程中定位劳动教育？如何处理劳动教育中劳动品质涵养和其他方面发展的关系？怎样合理地处理劳力和劳心的关系？如何为新时代的幼儿园劳动教育注入时代发展的特点？如何提供满足当代幼儿需要的劳动教育？如何不断丰富幼儿劳动教育的内容和形式？如何建构幼儿园劳动教育的资源和环境？如何在劳动活动中有效地回应幼儿，并为幼儿提供充分的机会和挑战？如何协同家庭、社区的力量共同参与到幼儿园劳动教育的实践当中？

基于对幼儿劳动以及幼儿园劳动教育价值的考量，我们和全国有志于从事劳动教育研究的十多所幼儿园一道，从2019年开始，开展了系统的幼儿园劳动教育研究。参与研究的幼儿园来自我国各个地区，有着不同的园情和研究基础。但共同的，是他们研究劳动教育的决心、热情和努力。每一所参与劳动教育实践研究的幼儿园，既整体性地对幼儿园劳动教育进行了探究，还从园所自身的基础条件、幼儿发展的现实需求出发，选择了种植劳动、饲养劳动、工艺劳动、工程劳动、生活自理劳动、社群服务劳动中的一类，进行了深入的实践与研究，以获得更扎实的幼儿园劳动教育研究经验和研究成果。

在这数年时间中，参与幼儿园劳动教育研究的各所幼儿园迎难而上，在实践中重新审视了幼儿园劳动教育的价值，凝练了劳动教育的理念，总结了组织劳动教育活动的策略，梳理了与《指南》对接、符合幼儿身心发展规律的劳动教育目标，建构了与幼儿生活密切相关的劳动教育内容体系，探索了多种形式的劳动教育组织形式，并尝试开展幼儿劳动教育的评价工作。在与实验园所园长、老师们共同研究的过程中，我们见证了完整儿童的发展，见证了老师们教育观念的更新、教育方法的改善、教育能力的提升，见证了《指南》精神的逐渐落地。

江苏凤凰教育出版社策划并出版的这套“幼儿园劳动教育”丛书，是对幼儿园劳动教育理论和实践研究的总结与展示，是对幼儿园劳动教育理念、立场、观点、策略、方式、机制的挖掘和整理。作为国内第一套系统呈现幼儿园劳动教育研究成果的书籍，本套丛书在内容、形式、体例上都还有诸多不尽如人意之处，我们也将在后续的研究中不断完善。此时推出这套丛书，我们希望能够给更多的学前教育同行以启发，让更多的幼儿园深刻地认识到幼儿园劳动教育的价值和实现价值的可能性，让更多的幼儿园参与到幼儿园劳动教育研究的队伍中来，让幼儿园劳动教育研究的成果造福更多的儿童。

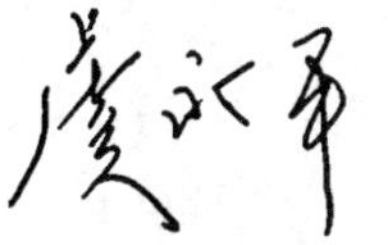

目录

第一章 工程劳动课程的实践探索

幼儿园工程劳动教育指向培养完整儿童，融合了工程教育和劳动教育的特点，它是一种涉及设计、建造、改进等环节的综合性劳动，是幼儿园劳动教育的重要分支。它旨在引导幼儿参与探究性、综合性、项目化的劳动活动，引导幼儿发现生活中的问题，并运用工程思维和方法尝试解决问题，它为幼儿提供一种有效的跨领域、综合性的学习方式，注重对幼儿工程思维的启蒙、创新能力的培养，逐步引导幼儿养成良好的劳动习惯。

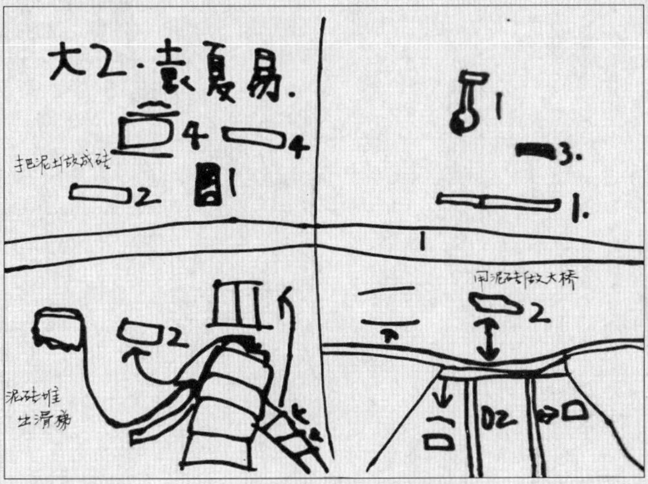

幼儿制订的工程计划

第一节
工程劳动教育理念探寻

新时代背景下，劳动教育的意义和价值正在不断被重塑，劳动已然不仅仅是成人的活动，而是一种伴随生命成长、促进人自我认识和成长的活动，是人生中的重要经历。幼儿是人最初的生长形态，对其进行的劳动教育应该是适合人的最初的生命状态的教育。

一、对“幼儿劳动”的理解

和成人相比，幼儿在身体和心理方面的发展是不成熟的。幼儿期是生命成长的特殊阶段，有其自身的生长节律。幼儿劳动是一种以幼儿为主体的活动，它符合幼儿身心发展的规律，支持幼儿在真实的劳动场域中进行经验建构。因此，幼儿劳动和成人劳动在劳动性质、劳动态度、劳动目的、劳动形式、劳动程度等方面都有着明显的差异，通过对比，我们可以厘清幼儿劳动的内涵。

幼儿劳动与成人劳动的不同之处

	成人劳动	幼儿劳动
劳动性质	有一定压力，是为了生活的、目的性较强的劳动。	体力劳动和脑力劳动相结合，与生活和游戏紧密联系，具有浓浓的生活气息和游戏趣味的劳动。
劳动态度	满足个体自身的物质需要，或顺应时代发展要求的非趣味性劳动，在劳动过程中更多的是忍受劳动。	具有趣味性的劳动，来源于劳动对幼儿身体的适度解放和对其精神的合理满足，在劳动过程中更多的是享受劳动。
劳动目的	指向劳动本身之外的具有生产性的东西，以获得可观的物质、利益、地位等为目的。	不是为获得某种外在物质而劳动，而是通过劳动发展智力，成全心灵，丰富精神，促进身心全面和谐发展。

续表

	成人劳动	幼儿劳动
劳动形式	具有相对独立性，更多依赖于劳动机器或网络进行。	具有对成人劳动的模仿性，劳动过程中更多依赖于第三者，包括成人的指导、评价和夸赞。
劳动程度	以成熟的体力为基础的高强度、高难度劳动。	是一种符合幼儿身心发展规律、劳动强度不高的简单劳动。

通过以上成人劳动和幼儿劳动的对比，我们能进一步理解幼儿劳动的内涵：幼儿劳动来源于幼儿生活，是具有生活气息和游戏趣味的、符合幼儿身心发展规律的简单劳动。幼儿在劳动中身体能量得到释放，精神得到满足，呈现出享受劳动的状态。幼儿劳动需要依赖成人的指导、赞扬、评价等，从而促进幼儿身心全面和谐发展。

二、对“幼儿劳动教育”的基本定位

幼儿劳动在未获得教育关注之前往往是零散、无序、不成体系的。幼儿劳动教育是将这种零散的幼儿劳动从劳动种类、劳动内容、劳动形式、劳动强度等方面进行筛选、组织和融合，从而对幼儿施加教育影响的成体系的活动。只有当幼儿劳动体现出教育性时，它才真正具有教育价值。

幼儿劳动教育是围绕幼儿劳动展开的、具有教育意义的活动。在这样的教育活动中，幼儿通过劳动与周围环境相互作用，以亲身参与真实的劳动为主要学习方式，在适宜的、多样化的、丰富有趣的劳动过程中尽情挥洒汗水，收获喜悦，丰富生命体验，在亲历劳动的过程中养成正确的劳动观念和习惯，学习必备的劳动技能，锻炼劳动能力，涵养积极的劳动精神和品质，从而促进身心全面和谐发展。

实践幼儿劳动教育，并不是要在原有的幼儿园课程体系中新增一个教育领域，而是对幼儿参与现实生活行为的一种强化。过去成人包办代替的，要还给幼儿；过去在某些环节中所忽略的，要去重视。正如陈鹤琴先生对“活教育”的“教学原则”提出的两个“凡是”：凡是儿童自己能够做的，应当让他自己去做；凡是儿童自己能够想的，应当让他自己去想。幼儿劳动教育就是要把劳动的权利还给孩子。

案例片段：拔草劳动

新学期，班级要在种植园地种植新的植物，但种植园地杂草丛生。过去我们的做法是请保育阿姨去拔草，现在我们有了劳动教育的意识，就会想到这是一个很好的劳动机会，应该让孩子们共同参与拔草劳动。

我们进一步思考：为什么要让孩子们参与拔草？单单是为了让他们出出力、流流汗吗？答案是否定的。在这个劳动中，孩子们可能需要根据实际情况设计拔草的方案；使用一些工具开展探索，发现更简便的拔草方法；和同伴一起观察、讨论杂草的不同形态；和同伴协商合作搬运拔下来的杂草；在后续的活动中，可能还能利用杂草进行艺术创作，用杂草饲养小动物；等等。围绕幼儿的拔草劳动，一系列生动的深度学习活动在自然发生。

以上案例，正符合苏霍姆林斯基的劳动教育观念。他指出，任何形式的体力劳动，尤其是那些看似简单且繁重的工作，都需要智力的参与，将原本单调乏味的体力活动转化为充满智慧和创造性的劳动。①

幼儿劳动教育是幼儿在生活情境中解决真实问题、满足劳动需要而生发的综合活动。《3—6岁儿童学习与发展指南》（以下有时简称“《指南》”）五大领域相关目标都可以体现在劳动过程中，劳动过程是多个领域经验的有机结合，也指向多个领域经验的发展，幼儿在一次劳动中可以学到多个领域的知识。我们认为，幼儿劳动教育是有效落实《指南》精神的一种方式，是融生活性、游戏性、创造性和综合性为一体的活动，这是我们对其的基本定位。

三、幼儿园工程劳动教育的价值、目标与基本特征

根据劳动内容的不同，幼儿劳动教育可分为自理劳动、服务社群劳动、种植劳动、饲养劳动、工艺劳动和工程劳动六种多样化的劳动类别。我们结合《指南》《关于全面加强新时代大中小学劳动教育的意见》等文件的精神，学习相关文献资料，尝试探寻幼儿园工程劳动教育的理念和实践路径，优化幼儿园课程的设置，营造生态的、开放的工程劳动教育环境，实施有效的指导和评价，建构有意义的工程劳动教育课程，同时，运用有效的机制和制度，保障工程劳动教育课程的实施，尝试在实践中初步建构新时代幼儿园工程劳动教育课程体系。

（一）幼儿园工程劳动教育的价值

幼儿园工程劳动教育指向培养完整儿童，工程劳动为幼儿提供了一种有效的跨领域学习的方法，强调幼儿亲身参与和动手实践，通过不断思考、不断练习，在“身动、手动、脑动、心动”的劳动过程中，与周围的环境积极互动，全身心投入，获得多领域的经验。幼儿园工程劳动教育有利于涵养幼儿的劳动品质，促进幼儿身心全面发展，更好地落实《指南》精神。实践幼儿园工程劳动教育，并不是在现有的幼儿园课程体系中增加新的教育领域，而是探索适宜、多样、丰富、有趣的劳动内容和形式，提供更多的机会，让幼儿参与探究性、综合性、项目化的劳动。

① 苏霍姆林斯基．苏霍姆林斯基论劳动教育［M］．萧勇，杜殿坤，译．北京：教育科学出版社，2019：64，72，76.

1. 幼儿园工程劳动教育是基于培养未来人才的需要

幼儿园工程劳动教育指向幼儿的终身发展，跨学科、综合性的学习方式为幼儿搭建了一个解决问题的经验框架，幼儿在工程劳动中形成良好的学习品质、解决问题的思维习惯、服务他人的劳动意识等，能够为未来的学习与发展提供持续的动力和支持。

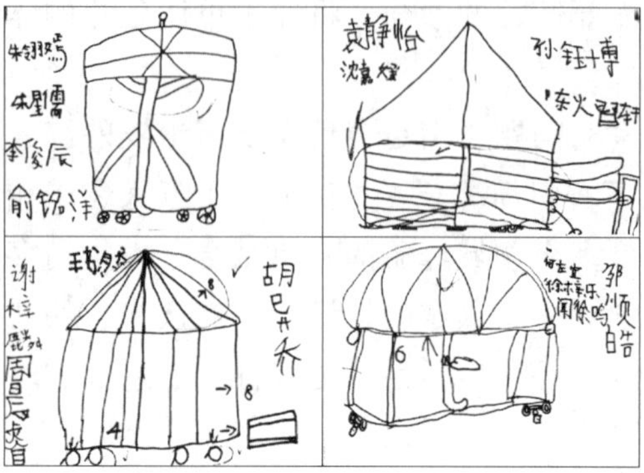

幼儿的“彩虹游戏房”设计图

幼儿期是劳动品质的奠基阶段，实施幼儿园劳动教育是培养新时代社会主义建设者与接班人的内在要求。未来的人才，应像博物学家一样探究，像科学家一样思考，像艺术家一样创作，像数学家一样精细，像发明家一样创造，像工程师一样做事。幼儿在工程劳动中获得的关键能力，与未来社会对人才的需求相契合。因此，我们在工程劳动中关注对幼儿创造性的培养。工程劳动是一个持续创造的过程，幼儿的创造力会在劳动中得以激发。它鼓励幼儿在实现劳动目标的过程中自主探索，激发无限的创造力。如：幼儿想要建造一个“会移动的彩虹游戏房”，他们经过多次设计和改造，在劳动过程中解决各种问题，最终建造出一个带有彩虹屋顶、可移动的多功能游戏房。幼儿在自己动手劳作的过程中，克服困难，独立判断，细致工作，完成挑战，收获喜悦，见证了彩虹游戏房经自己之手从无到有的过程，实现了让劳动“点亮”美好生活。

2. 幼儿园工程劳动教育可以在多个领域充分发挥综合育人的功能

幼儿园工程劳动教育指向幼儿的真实生活，为幼儿提供了丰富的直接感知、实际操作和亲身体验的劳动机会，注重通过幼儿生活中的真实问题引发幼儿的持续性探究，引导幼儿聚焦真实问题并解决问题，在此过程中感知生活、关注生活，最终理解劳动和生活的联系。幼儿的学习是以直接经验为基础，在游戏和生活中进行的。因此，幼儿园工程劳动教育要体现实践性、体验性、生活性，要让幼儿在真实的劳动场域中开展活动。幼儿在工程劳动中不仅能丰富劳动知识，还能发展规划能力、交往合作能力、空间感知能力、信息搜集能力、科学探究能力等。如：大班

幼儿在挖泥坑劳动中“写”的日记

幼儿在挖泥坑的活动中，共同发现、讨论问题：设计一个什么样的泥坑？泥坑在哪挖？用什么工具挖？挖多大合适？怎样才能挖得快？挖出来的泥巴能用来做什么？整个工程劳动过程中，幼儿认识了各种不同的工具并探索其功能与用途；积累了关于设计、测量、挖掘的经验；遇到困难能主动寻求帮助、沟通交流，具备一定的解决问题的能力；科学（包含数学、技术、工程）、语言、社会、健康等领域的能力得到了综合发展。可见，工程劳动教育和五大领域的教育是息息相关的，工程劳动教育能充分发挥这些领域综合育人的功能，是一种游戏化、趣味化的跨领域的综合教育。

3. 幼儿园工程劳动教育有利于培养幼儿的探索和创造精神

劳动有体力劳动和脑力劳动之分。幼儿园工程劳动教育是体力劳动和脑力劳动的结合，强调幼儿思维的参与，是“劳力”基础之上的“劳心”。在幼儿劳动的过程中，我们注重对幼儿创造精神和探究精神的培养。在苏霍姆林斯基的劳动教育理论中，创造性劳动被视为核心概念之一，甚至是最大的创新和贡献。① 在苏霍姆林斯基的观念中，劳动分为重复性劳动和创造性劳动，他提倡要让学生更多地进行创造性劳动。②

实践中，一些成人认为比较单调的体力劳动，如拖地、扫地、除草等，如果能引导幼儿参与，并让幼儿进行观察、设计和创造，就会引起幼儿思维的参与，它们就会成为一个个适宜的劳动内容。如：大班幼儿在晨间劳动时发现成人的拖把不适合自己使用，他们通过对拖把进行调查研究、搜集材料、反复尝试和设计，制作出适合自己使用的拖把。在运用成果时，幼儿用大一点的拖把来拖地，用小一点的拖把来擦窗户和高处的柜子。可见，工程劳动教育中，教师要使幼儿思维的参与贯穿活动始终，不能使劳动变成“妄作盲动”，也不能满足于让幼儿“做事”和“流汗流泪”，而应引导幼儿思考，努力彰显劳动的创造性这个本质。

幼儿绘制的“小拖把”设计图

4. 幼儿园工程劳动教育为满足幼儿游戏、探究的需求提供充分的机会和可能

对幼儿而言，劳动与游戏是密不可分的。成年人眼中辛苦烦琐的劳动，在幼

① 苏霍姆林斯基 . 公民的诞生［M］. 黄之瑞，张佩珍，姚亦飞，等译 . 北京：教育科学出版社，2002：382.

② 苏霍姆林斯基 . 少年的教育和自我教育［M］. 姜励群，吴福生，张渭城，等译 . 北京：北京出版社，1984：251.

幼儿绘制的“恐龙运被拖车”设计图

儿看来常常是饶有趣味的游戏。幼儿会在劳动中模仿成人，并带着游戏的精神和趣味，使劳动变得生动有趣。幼儿最早感兴趣的玩具就包括成人在生活中使用的劳动工具。幼儿很小便自发模仿成人洒扫庭院、种植花草、照料动物。对幼儿来说，劳动带着自由、自主、愉悦和创造的属性，彰显着游戏精神和态度。如：新冠疫情防控期间，大班幼儿需要独立拎被子入园，他们尝试设计、制作“恐龙运被拖车”，将原本让人烦恼的劳动转化为无比有趣的情境游戏，也给劳动增添了挑战性。当幼儿使用自己制造的“恐龙运被拖车”运送被子时，整个过程都是充满奇趣的体验。可见，当教师关注幼儿的兴趣和需要，为幼儿的劳动提供充足的工具、材料、方法、空间、时间等，给予幼儿选择和探索的机会，支持幼儿在劳动中主动承担、自主选择、自由创造，劳动就“充满儿童味”。

（二）幼儿园工程劳动教育的目标

在理论学习和实践探索过程中，我们逐渐围绕劳动观念和习惯、劳动技巧和能力、劳动精神和品质三方面形成了幼儿园工程劳动教育的目标体系。目标体系的搭建给教师指明了方向，有助于教师将目标融入到课程实践中。

幼儿园工程劳动教育目标体系

类别		幼儿园工程劳动教育目标
爱劳动	劳动观念 劳动习惯	1. 愿意参加力所能及的工程劳动，感受劳动的乐趣。
		2. 喜欢劳动，热爱劳动，在过程中积累工程劳动经验。
		3. 认真负责地完成自己所接受的劳动任务。
		4. 知道工程师的作用，愿意尝试、体验不同的工程劳动。
		5. 尊重为大家提供服务的劳动者，珍惜他们的劳动成果，热爱劳动人民，初步形成积极的劳动观念和态度。
会劳动	劳动技巧 劳动能力	1. 在游戏和生活中能感知自己真实的需要，能在成人的协助下提出并形成自己感兴趣的问题。
		2. 劳动过程中尝试运用各种方法解决简单的、真实的问题。
		3. 在成人的支持下，能针对问题设计简单的图纸，并尝试执行自己的设计方案。
		4. 对工具和材料有初步的认识，能选择合适的工具和材料进行简单的制作。
		5. 能探索并正确、合理地使用简单的劳动工具。

续表

类别		幼儿园工程劳动教育目标
会劳动	劳动技巧 劳动能力	6. 有初步的规划和设计意识，能大胆想象和创新。
		7. 能借助绘画、图示、数字、照片、视频等方式展示劳动过程中的发现。
		8. 在劳动过程中与同伴进行合作、交流，敢于表达自己的想法。
乐劳动	劳动精神 劳动品质	1. 能专注于自己感兴趣的工程劳动。
		2. 大胆参与工程劳动中的相关决策。
		3. 劳动中愿意和同伴一起分工合作，遇到困难能一起想办法解决。
		4. 遇到问题能出主意、想办法，敢于尝试有一定难度的劳动任务。
		5. 在劳动中逐渐培养大胆质疑、敢于创新的劳动精神。

（三）幼儿园工程劳动教育的基本特征

幼儿工程劳动是一种面向物质的劳动方式，需要幼儿积极思考、勇敢尝试，是一种创造性的劳动。幼儿园工程劳动教育的特质是：在真实情境中开展，聚焦真实问题，注重动手实践，调用数学、技术、工程、科学、艺术等相关学科知识，以工程设计为核心，以发明创造为主线，解决真实的问题。在工程劳动过程中，幼儿可以获得做计划、合作等方面的经验，在数学与科学、艺术等多个领域获得发展，因此，它是跨学科的综合教育。幼儿园工程劳动教育犹如一座冰山，我们不仅要看到工程劳动作品的呈现，更要看到幼儿创造能力的提升、高阶思维的发展、劳动精神和劳动品质的丰盈。

在幼儿园工程劳动教育实践过程中，以下几个关键词经常出现，体现了师幼在工程劳动活动中的状态，而这些关键词又指引着教师的行动，体现出幼儿园工程劳动教育的理念。

1. 安全

安全是幼儿工程劳动过程中应关注的首要问题。对劳动的安全保障使幼儿能够在安全无虑的环境中自由劳动、自由成长。陈鹤琴先生强调“凡是儿童自己能做的，应当让他自己做”，但我们不能将此片面理解为“放任不管”。受身心发展水平所限，幼儿在劳动中所处的劳动环境、所用的劳动工具、所参与的劳动过程等会对幼儿的身体安全形成一定威胁。因此，教师在劳动过程中要时刻关注和指引幼儿，让幼儿在安全的环境中参加劳动。在开展工程劳动前，需要教师仔细勘察劳动环境，排除危害幼儿身心的隐患，加强保护措施，保证幼儿安全。在挖掘、锤击、切割、钻孔等需要使用劳动工具的活动中，均存在一定的危险，需要教师注意，尽可能考虑周全。教师要将安全使用工具等作为生动的课程内容纳入工程劳动过程中，帮助幼儿学会保护自己，正确、安全地使用工具。

2. 真实

幼儿工程劳动是亲近自然、改造自然、回归生活的真实劳动，其劳动内容、劳动态度、劳动技能应和生活紧密相连，不能将劳动从生活中剥离开来。这个关键词主要指向幼儿劳动内容和劳动过程的真实性，幼儿在真实的生活情境和生活事件中，发现感兴趣的问题，并利用生活中真实的材料，进行真实、深入、持续的探究，将创造的劳动成果运用于生活、游戏中，享受劳动成果，最终指向幼儿终身发展。

3. 创造

幼儿工程劳动是一种跨学科、重实践的教育理念和学习方式，注重对幼儿动手操作和运用相关知识解决问题能力的培养，尤其关注对幼儿创造能力的培养。在工程劳动中，教师鼓励幼儿制订工程计划、设计图纸，在工程劳动实施过程中，幼儿结合工程计划进行多次实践，反复调整，通过“设计—建造—测试—改进”的循环过程，促进工程思维发展。

4. 挑战

在幼儿工程劳动的不同阶段，幼儿都会面临不同的挑战。有指向劳动观念和习惯的挑战，如正确认识并尊重每一种劳动职业、喜欢参加劳动等；有指向劳动技巧和能力的挑战，如对工具的合理使用、工程技能的运用、解决实际问题的能力等；有指向劳动精神和品质的挑战，如合作协商的能力，坚持到底、不怕辛苦的品质等。在幼儿工程劳动实践中，教师鼓励幼儿遇到问题时积极迎接挑战，通过多种渠道想办法解决问题，在失败中不断尝试、相互鼓励，运用团队的智慧解决问题，与伙伴们共同发展。

5. 深度

这个关键词指向幼儿在工程劳动中呈现出的深度学习状态。幼儿的深度学习，是在真实的情境中解决真实问题的有意义的学习过程，是一种长效的学习。适宜幼儿深度学习的内容就来源于真实的生活情境。幼儿工程劳动正是在幼儿生活中展开的，聚焦真实的问题，以项目形式持续推进活动，教师放手让幼儿和周围的环境充分互动，重视劳动内容的适宜性、连续性，重视劳动经验的丰富性。同时，教师尊重并理解幼儿的学习是一个连续发展的整体，支持幼儿按自己的发展节律，从对简单知识、技能的学习向更为复杂的知识、技能学习过渡。幼儿每一种经验的获得，都会从已有的经验中采纳某些东西，又以某种方式改变着未来的经验，通过将过去的经验和正在经历的体验进行联系，从而形成新经验，展现幼儿深度学习的过程。在鲜活的工程劳动探究过程中，教师通过有效的策略推动幼儿高质量的探究，支持幼儿在活动中主动建构、迁移经验，帮助幼儿将浅层经验转化为深层理解，从而不断加深对所处环境的认识并产生积极的情感，实现劳动教育对幼儿身心发展的整体影响。

第二节
工程劳动教育实践路径

幼儿园工程劳动教育不是单独开设课程，而是融入到幼儿的生活中，让幼儿在真实的生活情境中亲历劳动过程，支持幼儿运用知识解决实际问题，围绕劳动素养，将劳动观念、劳动能力、劳动品质、劳动精神贯穿于幼儿劳动的全过程。在积极实践工程劳动教育的过程中，我们立足于幼儿园的实际和幼儿的生活经验开发课程，发现幼儿生活和游戏中有价值的切入点，以幼儿为主体，以解决问题、发明创造为主线，依托小组化的项目活动形式，通过调查研究、设计制作、实地建造、测试调整、成果分享等环节开展活动，让幼儿亲历工程劳动的全过程。我们从课程设计、实施策略、空间打造、师资建设四方面进行实践，力求探索幼儿园工程劳动教育园本化发展的路径。

一、工程劳动课程的设计思路

（一）把握工程劳动的特质

幼儿工程劳动的特质是一种游戏化、趣味化、综合性的学习，需要幼儿积极思考、勇敢尝试，是一种创造性的活动。因为幼儿在一次活动中可以学到多个学科的知识，所以教师要更加关注幼儿劳动的过程，把更多的发展机会留给幼儿。幼儿工程劳动是在真实情境中开展的跨学科的综合教育，是幼儿聚焦真实问题动手实践，调用技术、工程、科学等相关学科知识，以工程设计为核心，以发明创造为主线，解决问题的过程。在此过程中，幼儿能够获得做计划的经验、合作的经验、数学与科学认知的经验、艺术的经验等多领域综合性经验。

实施幼儿园工程劳动教育，关键在于教师要带着工程劳动教育的理念去重新审视平时惯常的教育活动，把握工程劳动教育的核心特征，积极创新工程劳动教育的内容、方式，引导幼儿从事探究性、综合性、项目化的劳动，避免只有劳动而没有教育；让幼儿在亲手操作、亲身体验中像博物学家一样探究，像科学家一样思考，像艺术家一样创作，像数学家一样精细，像发明家一样创造，像工程师一样做事。在工程劳动课程实施过程中，我们采用“六问策略”，帮助教师把握工程劳动的基本特征。

- 是不是真实的、有意义的学习？
- 有没有跨学科的学习内容？
- 有没有培养幼儿解决问题的能力？
- 有没有机会让幼儿从失败中学习？有没有引导幼儿反复设计、制造？
- 有没有以幼儿为中心？
- 有没有团队的学习？

（二）确定工程劳动的类别

我园环境宽敞，资源丰富，有植趣园、竹林、草地、沙池、玩水池等户外自然环境，也有木工房、建构室等室内专用室。丰富的环境空间能为幼儿创造更多的学习机会。我们结合幼儿园环境和幼儿在劳动过程中使用的工具、材料等，将工程劳动分为建筑工程、木工工程、水利工程、交通工程以及其他工程五大类别，详见下面的图表。

幼儿园工程劳动的类别

工程劳动类别	常用工具、防护用品和典型材料	常见劳动内容
建筑工程 	• 常用工具：不同长短、形状的铁锹、抹泥板，皮尺、卷尺、米尺等测量工具，运输小车等。 • 防护用品：防护手套、安全帽、连体服等。 • 典型材料：砖、瓦、水泥、黄沙、泥土、鹅卵石等。	用砖、黄沙、水泥、泥土、瓦片等为主体材料建造房屋、灶台、玩泥池等建筑物，是最常见的一类建筑工程劳动。
木工工程 	• 常用工具：榔头、锯子、钻孔机、凿子、刨子、墨斗、电动螺丝刀、各种固定器、切割机等。 • 防护用品：护目镜、棉纱手套等。 • 典型材料：木条、木板、木片、树枝、树桩、竹子、钉子等。	以木板、木片、树桩、竹子等为主体材料制作各种小椅子、梯子、小木屋、游戏房等。

续表

工程劳动类别	常用工具、防护用品和典型材料	常见劳动内容
水利工程 	•常用工具：挖掘工具铲子、钉耙、锄头，测量工具米尺、卷尺等。 •防护用品：雨鞋、雨衣、安全帽、棉纱手套等。 •典型材料：不同粗细的PVC管、接头、竹槽、水瓶、水管、水桶、水箱等生活中的常见物品。	结合园内丰富的自然资源和幼儿生活中遇到的问题，水利工程在种植园地、玩沙池等户外空间应运而生，如雨水收集器、菜园引水管道、浇花工具、水渠等。
交通工程 	•常用工具：固定工具有万能胶、麻绳、钉子、皮筋、捆扎带等；支撑工具有PVC管、竹竿等；搬运工具有小车、滑轮车等。 •防护用品：棉纱手套、护衣等。 •典型材料：竹子、木板、纸板、纸筒、轮胎、油桶、大矿泉水瓶、砖块等。	小型交通工程融入幼儿的游戏和生活中，成为幼儿游戏的大玩具，如漂浮船、浮桥等；一些交通工程类劳动为幼儿的劳动提供便利，如建造停车场，制造运砖车、运球车等。
其他工程 	•常用工具：书写类、观察类、固定类工具是使用最为频繁的，幼儿常常需要纸、笔等及时记下发现；需要放大镜、温度计等辅助观察；需要剪刀、打孔机、绑带等工具辅助制作。 •典型材料：生活中的自然材料，如树叶、花、树枝、果、石头、泥土等；幼儿收集的微型废旧材料，如吸管、冰棒棍、细树枝、棉签、毛根、麻绳等。	此类工程劳动如自制摘果器、建造户外遮阳房、自制堆肥箱、“封草行动”等，能解决幼儿在生活中发现的很多有趣的、现实的问题。

（三）生发工程劳动的内容

幼儿园工程劳动教育指向幼儿核心素养的培育，能更好地落实《指南》精神。实践幼儿园工程劳动教育，就是要探索适宜、多样、丰富、有趣的劳动形式，提供更多的机会让幼儿参与探究性劳动、综合性劳动、项目化劳动，从而促进幼儿德智体美劳全面发展。园所应立足于幼儿的现实生活，根据不同年龄段幼儿的发展需求设计适宜的工程劳动课程内容，将劳动渗透在幼儿生活的多个方面，逐步培养幼儿的劳动能力。在多年实践的基础上，我园架构起中班、大班两个年龄段的工程劳动课程内容，见下表。

幼儿园中班、大班工程劳动课程内容

年龄段	工程类别				
	建筑工程	木工工程	水利工程	交通工程	其他工程
中班	菜园围栏 土灶台 小水坑 砖头小路	小梯子 双面梯子 靠背椅子 公园长椅 菜园栅栏 种植园地工具架	浇花工具 管道引水 沙池引水 水车	停车场 动力小车 小帆船 运砖小车 火车收纳车 恐龙运被拖车	衣架天平 摘果器 计时沙漏 沙池玩具架 沙池雨鞋架
大班	挖泥坑 玩泥池 玩泥桌 兔子之家 竹林鸡舍 感官小路 房屋建造大师	暖棚 帐篷 黄瓜爬藤架 小木桥 彩虹游戏房	菜园引水 渠道引水 引水工程 雨水收集器	运球车 双层停车场 竹筏 浮桥 消防车 漂浮船	小拖把 传声筒 二代摘果器 舞台灯光设计师 移动晾衣架

（四）探索工程劳动的流程

在工程劳动实施过程中，我们探寻工程劳动开展的流程，明确实施路径。基于实践，我们将整个工程劳动过程分为开启工程劳动、发展工程劳动、结束工程劳动三个阶段。

开启阶段，通过调查研究、挖掘资源、工程启动、问题聚焦等方式开启课程，创新设计具有工程特色的启动活动，让幼儿体验工程师的工作。

发展阶段，通过问题聚焦、探索设计、实地建造等几个关键环节，强调让幼儿在真实问题情境下身心参与，手脑并用，在发现问题、解决问题的过程中，建构知识经验，启蒙工程思维，让幼儿像真正的工程师一样思考和解决问题。

结束阶段，探究幼儿劳动成果在园外、园内、班级进行展示和推广的方式，通过大书、成果发布会等多种方式分享工程劳动成果，引导幼儿提炼工程经验，让幼儿像真正的工程师一样分享成果。

整个活动围绕“调查研究—挖掘资源—明确问题—初期尝试—工程计划—实地建造—测试改进—成果推广”等环节展开，这些环节循环往复，迭代推进，推动幼儿经验螺旋上升，直至问题解决。

详见下图示例。

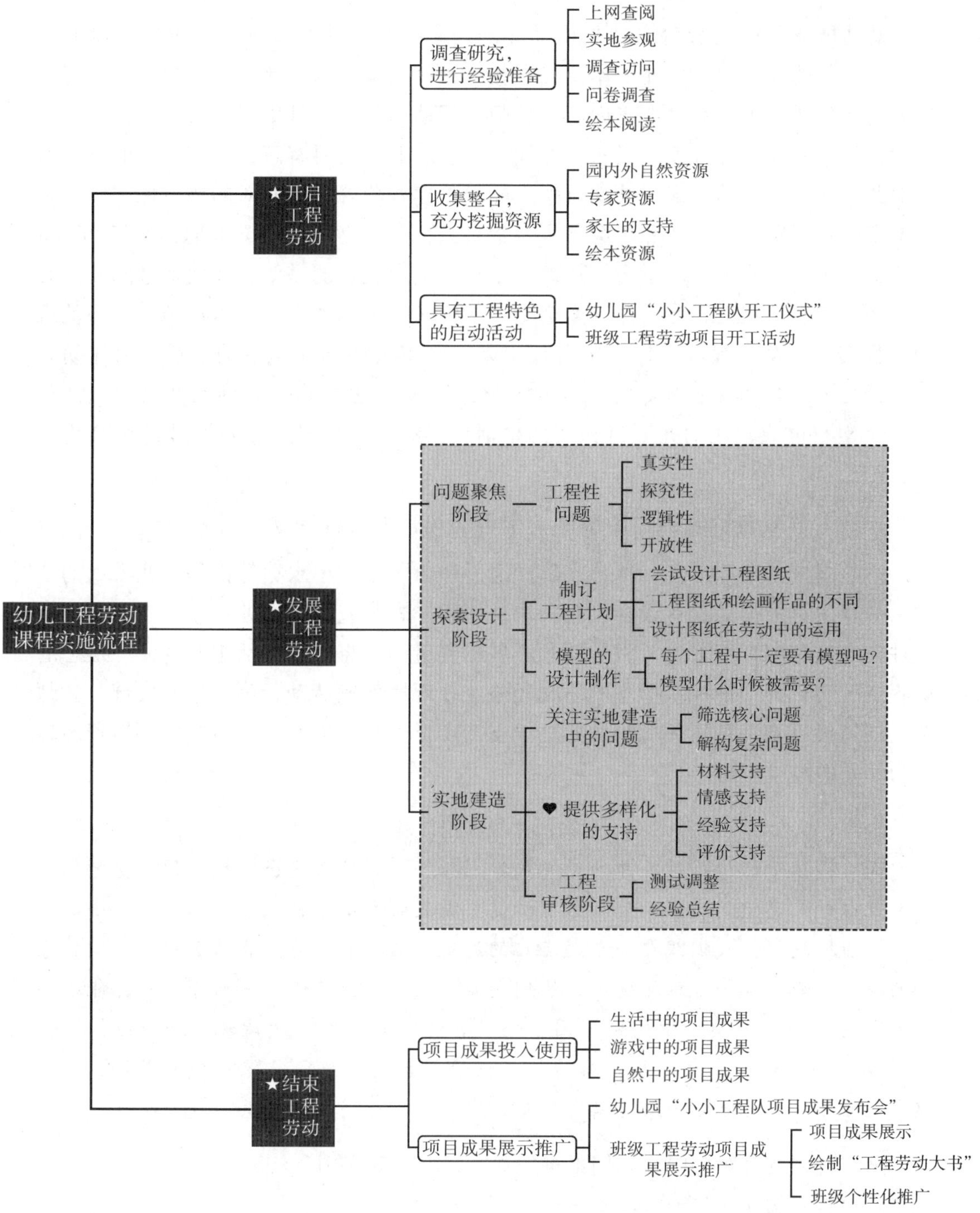

幼儿园工程劳动课程实施流程图

二、工程劳动课程的实施策略

幼儿园工程劳动教育必然指向幼儿的现实生活。幼儿日常生活中所接触的环境、所交往的人，都与幼儿的生活息息相关，都是鲜活的生活事件，都可以成为最贴近幼儿生活的工程劳动课程内容。教师要帮助幼儿在一日生活中获得丰富的劳动经验，让幼儿在工程劳动中投入、专注、流连忘返，就要有意识地把做事的机会留给幼儿，让幼儿行动起来。幼儿有意义的经验建构蕴含在幼儿对问题的探索中，它会带来一系列疑问、挑战和机会，也会带来兴奋、惊喜、等待、满足、失落等情绪体验，带来高品质的深度学习，从而满足幼儿生命成长的需要，有效促进幼儿身心全面和谐发展。在工程劳动课程实施中，教师必须更新理念，超越传统的按部就班的课程实践，从"规定动作"中解放出来，真正关注幼儿当下的生活，引导幼儿用眼睛去看、用耳朵去听、用大脑去思考、用双手去探索，帮助幼儿实现生活经验的重塑与再造，让幼儿既有充实的生活，又有适度的挑战，让幼儿的生命蓬勃生长。

（一）选取有价值的生活事件，引导幼儿开展工程劳动

幼儿园自然资源丰富，竹林、玩沙池、种植园地、小水塘等都是幼儿喜欢的地方。一日生活中，幼儿有很多机会去户外探索，教师应抓住幼儿探索自然时发生的事件，有效利用自然资源，引导幼儿开展工程劳动，将幼儿生活中"物质"形态的课程资源转化为"精神"形态的幼儿经验，让环境促发劳动行为，这是关键。教师要让环境可以亲近，让环境给幼儿提供支持，让幼儿行动起来，最终将环境资源转化为幼儿的经验。

案例片段：挖泥坑

雨后，孩子们总是对低洼处的泥坑特别感兴趣，故意走进泥坑，用力跺脚，这是最让孩子们感觉到快乐的事情。可惜这些泥坑都太小了，孩子们不满足于小小的泥坑，纷纷提议：我们想要一个大点儿的泥坑，这样我们可以在这里挖宝藏、种漂亮的花、和好朋友一起跳泥坑……他们向园长妈妈提出建议——希望幼儿园能给小朋友们造一个大泥坑。没想到，园长妈妈真的同意了他们的请求，并邀他们一起帮助幼儿园建造一个大泥坑。就这样，孩子们想要为自己"挖一个大泥坑"，由这个生活事件而开启了一场充满智慧与挑战、惊喜与满足的建筑工程劳动。

从"挖泥坑"案例中，我们不难发现教师的关键作用。

1. 抓住起催化作用的生活事件

挖泥坑工程历经三个多月的"超长工期"。工程劳动开始之前，教师的关键作用是观察幼儿的表现，倾听、记录幼儿的对话，发现幼儿的兴趣和想法。和普通的

生活事件相比，部分幼儿想在幼儿园挖一个大泥坑，用来玩游戏，这是一个起“催化作用”的生活事件，激起了全班幼儿的兴趣。

2. 比照“工程劳动价值判断清单”思考活动的适宜性

“幼儿想挖一个大泥坑玩游戏”这样的生活事件是否可以进一步深挖，使其成为值得教师和幼儿花时间和精力去共同建构的工程劳动课程呢？这需要教师在尊重幼儿兴趣的基础上深思熟虑，“工程劳动价值判断清单”可以帮助教师进行诊断。下面以“挖泥坑”为例进行说明。

“挖泥坑”工程劳动价值判断清单

选择与判断标准	“挖泥坑”活动
内容与幼儿生活相关吗？	玩泥是幼儿喜欢的活动，幼儿园缺少玩泥的地方，因此幼儿产生了挖泥坑的强烈愿望，有了泥坑，就可以在幼儿园玩泥了，他们会更加期待上幼儿园。
幼儿有共同的经验吗？	在之前的工程活动中，幼儿积累了一些调查、做计划、使用工具、测量、合作等的经验，也有了粗浅的挖掘经验。
活动有让幼儿深入调查探究的空间吗？	在幼儿园挖一个泥坑，其中有很多内容可以让幼儿深入调查探究。如：在哪里挖合适？用什么工具更方便？每天挖出多少泥量？怎样记录更合理？挖多大的泥坑更好玩？……
能给幼儿提供积极动手操作和使用劳动工具的机会吗？	幼儿在户外使用真实的工具和材料来挖土、运水、装泥、测量、称重、记录，这里面蕴藏着大量的动手操作和行动的机会，幼儿发现、解决的都是鲜活的真实问题，能获得知识、技能、情感等多方面的经验。

教师通过比照“工程劳动价值判断清单”，判断“挖泥坑”是一项适合幼儿的工程劳动，会给幼儿带来一场有意义且深入的学习。

3. 和幼儿一起做课程研究计划

教师自身的兴趣、热情，以及有关的经验知识，会对工程劳动的实施产生影响。在确定挖泥坑是个较为适宜的工程劳动内容后，教师事先尝试像幼儿一样进行探究，亲自到泥地上踩一踩、挖一挖，发现很多幼儿在未来探究中可能会遇到的问题，如：泥土并没有想象中那么好挖，有些泥土很硬，怎么办？用普通的工具不好挖，那什么工具适合幼儿使用？幼儿靠自己的力量挖一个大泥坑，他们应该怎么合作？同时，教师应密切观察幼儿的探究行为，记录幼儿关于挖泥坑的问题、想法，和幼儿一起做课程研究计划。下面这份“挖泥坑”课程研究框架图，是站在幼儿的立场上，由教师和幼儿共同参与建构而成的。其中，白色框内是教师预设的内容，阴影框内是在活动中生成的内容。

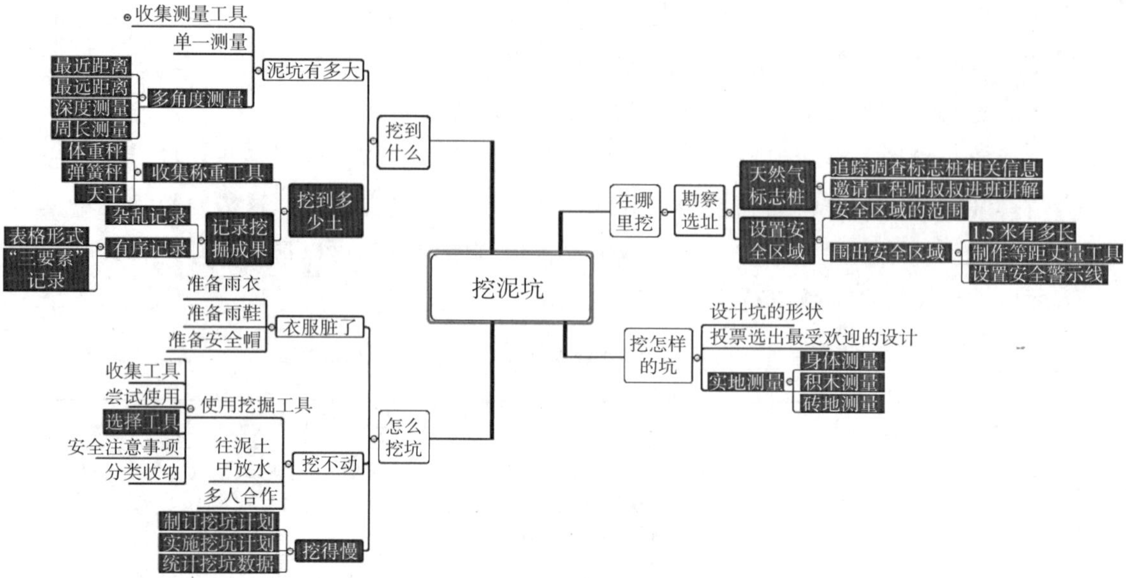

师幼共同建构的"挖泥坑"课程研究框架

（白色框内为预设内容，阴影框内为生成内容）

从上图中可以看出，工程劳动不是冷冰冰的课程文本，而是幼儿自身生活的画卷，其中有幼儿对生活的感受，也有幼儿面对挑战时的积极应对和尝试。它不是教师对幼儿学习内容的单方面决策，而是一系列随着幼儿劳动经验的积累、探究发现和需求不断生发的，源源不断、引人入胜的活动，也是一种关注幼儿生活、需求、经验的课程实践。课程研究框架随着活动的推进而不断被调整、修改和丰富，始终处在发展和变化中。

（二）识别已有经验，提供有效的"鹰架"支持策略

一日生活中很多生活事件对幼儿来说都具有发展价值，教师一方面需要密切关注幼儿的户外活动、进餐、盥洗、交往等环节，捕捉幼儿的兴趣点，师幼共同生发适宜的工程劳动内容，另一方面，教师需要在劳动过程中识别幼儿已有的经验，为其提供有效的"鹰架"支持策略，推进工程劳动的进展。

案例片段：香香点心坊

香香点心坊是孩子们自主吃点心的空间，每天的"点心时刻"总是他们期待的，在这里，孩子们为自己服务——打开食品包装，准备餐盘，取出牛奶。一切准备就绪，孩子们开始排队取餐，和喜欢的朋友坐在一起用餐……这种轻松愉悦的氛围总让他们沉浸其中。可是，令人头疼的情况经常出现：用餐的孩子在里面慢悠悠地吃着，等待的孩子在外面着急地催着，场面有时陷入混乱。针对这个问题，教师和幼儿一起围绕下列问题展开了讨论：

- 小朋友在点心坊吃多长时间合适？
- 用什么来提醒小朋友用餐的时间？
- 生活中有哪些计时工具？
- 哪种计时工具适合点心坊使用呢？
- 我们能不能根据自己的需要来制作计时工具呢？

以上案例就是发生在幼儿自主点心时间的一个普通的生活事件，幼儿是事件的当事人，工程劳动课程内容与幼儿生活的距离越近，就越能激发幼儿有效的学习。教师注意到幼儿在等待吃点心时出现拥挤现象，并没有用简单的方式制止混乱状况的发生，而是跟幼儿展开了讨论，并依据“工程劳动价值判断清单”进行判断，看是否能从中生成有价值的工程劳动内容。

“制作沙漏”工程劳动价值判断清单

选择与判断标准	“制作沙漏”活动
内容与幼儿生活相关吗？	当香香点心坊出现拥挤情况后，幼儿提出制作沙漏，用以解决大家用餐拥挤的问题。
幼儿有共同的经验吗？	幼儿有自己解决问题的共同经验，当班级出现一些问题时，教师经常引导幼儿自己解决问题，幼儿也有想成为班级管理员的共同愿望。同时，幼儿有一定时间规划意识，对计时工具有初步的了解。
活动有让幼儿深入调查探究的空间吗？	具体有哪些计时的方法和工具？这需要幼儿进行深入调查。同时，他们还要思考：不同时长的计时工具，分别适合用在班级里的哪些地方？
能给幼儿提供积极动手操作和使用劳动工具的机会吗？	制作沙漏的过程能给幼儿提供充分的操作机会，如材料的收集、选择，沙漏的制作、测试、改进、调整、运用等，能使幼儿获得丰富的经验。

教师经过思考和判断，发现“制作沙漏”是一个有价值的工程劳动内容，于是，源于生活事件（幼儿希望解决吃点心等待时间太长的问题）的工程劳动“制作沙漏”，就在教师和幼儿的共同建构下产生了。

确定了工程劳动内容后，教师还要做两项重要的工作。

1. 运用多种方式识别幼儿的已有经验

教师要结合多种方法识别幼儿的已有经验，找准其“经验生长点”，为幼儿后续的学习提供依据，引导幼儿在与成人、同伴、观点及事件的互动中，从简单知识、技能的学习过渡到对更为复杂的知识、技能的学习，在活动中展现幼儿学习与发展的连续性过程，丰富幼儿的劳动经验。

（1）谈话讨论法

通过谈话与讨论，激励幼儿讲述自己的经验，这有助于教师了解不同幼儿对同一话题的不同解答，能帮助教师深入了解幼儿的已有经验。如：上述案例中，教师通过谈话了解到，幼儿针对自主点心时间出现的拥挤现象有进行时间管理的愿望，幼儿知道生活中有一些工具可以用来计时，但不太清楚具体有什么样的计时工具。

（2）观察发现法

通过观察，教师能发现幼儿对事物的关注和理解程度，这有助于教师沿着幼儿的经验梳理、整合其共同的兴趣点和需求。如：幼儿制作沙漏的过程中，教师经观察发现幼儿虽然对制作沙漏有一定的经验，但对“如何用更简便的方法将小米装入瓶子”不太理解，也没有好的方法。

（3）作品分析法

幼儿在工程劳动中的绘画、作品、设计图纸等，往往反映出幼儿当时的经验水平处在哪个阶段，这是教师观察、了解幼儿，进而支持幼儿学习的重要线索。教师要养成分析幼儿作品的专业敏感度，将分析结果作为向幼儿提供有效的“鹰架”支持策略的依据。如：教师通过观察幼儿设计的沙漏图纸及初步制作的沙漏作品，发现幼儿对于沙漏的制作方法虽有一定的认识，但对于两个容器之间需要增加阻隔物来控制小米的流速，他们没有意识到，对于阻隔物大小和小米流速之间的关系等需要进一步探究的细节，他们的作品更没有体现出来。

当运用多种方法分析幼儿已有的经验时，教师可以结合《3—6 岁儿童学习与发展指南》和《幼儿园工程劳动教育目标体系》等，从学习品质、社会、健康、语言、数学、科学、技术、艺术等方面，对幼儿经验进行识别。

“制作沙漏”活动幼儿已有经验分析

识别内容	识别方法	幼儿已有经验	关键发展指标
集体讨论：需要什么样的工具来帮助大家计时？	谈话讨论法	可以像制作摘果器一样，自己设计、制作计时工具。	解决问题 交流想法
制作沙漏过程中，把小米撒得满桌子都是。	观察发现法	使用勺子将小米装入瓶口，但没有发现灌装小米的巧妙方法。	工具和技术
用瓶口对接固定的方式制作沙漏。	作品分析法	能用简单的方法制作沙漏。	实验 工具和技术
初次制作的沙漏倒过来时小米很快流光了。	观察发现法	发现小米流得很快，但还没有发现控制小米流速的方法。	观察 交流想法

2. 找准幼儿的“经验生长点”，提供有效的“鹰架”支持

幼儿已有的经验往往是表面的，他们的发现往往存在随机性和偶然性，因此，当教师通过多种方式观察、分析幼儿已有的经验后，需要进一步思考“经验生长点”，以及如何提供有效的“鹰架”策略，推动幼儿进行更加系统的探究。

“制作沙漏”活动中幼儿的“经验生长点”及教师的支持策略

幼儿已有经验	幼儿经验生长点	教师的支持策略
知道生活中一些工具可用来计时。	深入了解生活中的计时工具。	1. 谈论生活中有哪些工具用来计时。 2. 鼓励幼儿调查并搜集不同的计时工具，布置展台。
有制作摘果器的经验。	自制计时工具。	1. 讨论计时器的制作材料，并搜集材料，投放在制作区。 2. 鼓励幼儿设计沙漏，尝试画出设计图稿。 3. 支持幼儿采用多种方法使用材料。
能将小米装入瓶口，方法不巧妙。	探索将小米装入瓶子的巧妙方法。	1. 和幼儿讨论生活中往小口容器中装物品的巧妙方法。 2. 提供纸、瓶子、漏斗等材料，供幼儿探索、使用。
能用瓶口对接的方式制作沙漏，发现小米流速过快。	进一步探究阻隔物和小米流速之间的关系。	1. 引导幼儿发现小米的流速问题，讨论降低小米流速的方法。 2. 鼓励幼儿搜集材料，提供KT板、卡纸、瓶盖等低结构材料及榔头、钉子、手套、剪刀等工具，供幼儿探索、使用。

教师为幼儿提供“鹰架”，应根据幼儿的经验灵活运用支持策略。教师在工程劳动中较常用的教学策略有：

• 鼓励幼儿描述观察到了什么。如：当瓶子倒过来时发生了什么？当小米装入瓶口的时候发生了什么？

• 鼓励幼儿收集材料。如：计时工具的搜集、实验材料的搜集等。

• 观察幼儿的探究行为，并追问“怎么样”“为什么”之类的开放性问题。如：为什么沙漏里的小米很快就流光了？怎样控制小米流下去的速度？

• 向幼儿提出挑战，建议幼儿在探究中一步步解决。如：在把小米装进瓶子时，你能让小米不掉出来吗？你能让小米的流速慢一点吗？还能再慢一点吗？

• 帮助幼儿回顾探究行为。如：第一次做沙漏时发生了什么事情？后来通过什么方法进行了改进？改进后有什么变化？现在怎么样了？

• 鼓励幼儿通过记录、拍照、口述等方法表示探究结果。如：鼓励幼儿记录下连接两个瓶子的方法等。

（三）立足生活经验，在解决问题的过程中引发幼儿深度学习

幼儿是班级真正的主人，有能力参与班级的管理，为自我服务。在幼儿的一日生活中，那些习以为常、理所当然的生活事件，往往蕴含着丰富的学习经验，都可以成为工程劳动丰富的课程资源。教师要对幼儿的生活充满兴趣，捕捉助力幼儿成长的瞬间，让看似平常的生活事件在教师的引导和支持下生成有价值的工程劳动内容。

案例片段：自制小拖把

幼儿吃点心时，不小心把牛奶洒在地上，用餐时，把饭菜掉在桌上……这样的场景大家都很熟悉。教师面对这些普通的生活事件时，如果换一个视角，充分挖掘其中的学习价值，会怎样呢？我们不妨思考：这些问题，幼儿能够自己解决吗？他们可以怎么解决？教师和幼儿展开了讨论——

依依：“水泼了可以用拖把拖干净。”

佳佳：“汤洒了可以用抹布擦干净。”

珊珊：“地上有脏东西可以用扫把扫干净呀！”

可见，幼儿对生活问题的解决方式有一定的经验。

1. 筛选有价值的问题，生发学习机会

教师在识别幼儿已有经验的基础上，进一步生发学习机会，于是生成了“自制小拖把”工程劳动内容。在活动推进的不同阶段，根据幼儿已有经验及活动中的发现、想法，师幼共同筛选出以下三个问题，推动活动深入开展。

“自制小拖把”工程劳动问题筛选

问题内容	选择理由
劳动工具有哪些种类？	幼儿对保洁工具的不同种类和使用方法没有经验。大家提出可以先做调查，了解保洁工具的外形和功能，然后搜集各种适用的保洁工具。
怎样使用抹布才更卫生呢？	幼儿对同伴使用抹布时不卫生的方法提出质疑，对抹布如何分类和使用很感兴趣。
哪些值日生工作需要我们使用工具呢？	幼儿想在班级里使用自己搜集、制作的劳动工具，有强烈的自我服务愿望。

教师在活动中支持幼儿获得有意义的经验。在课程推进过程中，如何筛选符合幼儿生活实际的内容？这需要教师以生活为切入点，通过思考以下几个问题进行筛选：

① 生活中有这个问题吗？活动中所涉及的问题是否存在于幼儿真实的生活中？

② 生活中的这个问题，适合该年龄段的幼儿探究吗？（不同年龄段的幼儿所关注的内容是不同的，因此必须考虑幼儿的年龄特点。）

③ 针对生活中的这个问题，使用什么方式能使幼儿有兴趣主动学习，积极投入？这就需要教师根据活动内容及幼儿的年龄特点选择恰当的方式。比如围绕“值日生还可以做什么”这个问题，师幼共同对班级原有值日生工作内容进行调整，尝试将劳动工具运用到自我服务过程中，使幼儿对劳动工具的认识不停留在表面，而是通过使用劳动工具的行动建构丰富的劳动经验。

2. 创设真实情境，赋予挑战任务，引发幼儿深度学习

教师给幼儿创设真实的值日生情境，引导幼儿在真实情境中使用劳动工具。例

如，幼儿在使用拖把的过程中发现了很多问题：“拖把太长了，不好拖。”“拖把太重了。”……他们只有真正体验和使用劳动工具后才会发现这样的问题。于是，通过讨论，幼儿决定收集材料制作适合自己用的小拖把，“制作小拖把”工程劳动内容就产生了。活动中，教师没有将制作拖把的方法直接通过图示教给幼儿，而是在观察幼儿探究的过程中不断支持幼儿完成不同的任务：

- 设计一张清晰的、能表示拖把制作材料和制作方法的图纸
- 测量并裁剪出相同长度的布条
- 用多种测量工具测量布条的长度
- 练习裁剪、捆绑、固定布条的技术
- 根据拖把的特征，创造性地发现更多巧妙使用拖把的方法

在真实情境中，教师支持幼儿运用积极探索和自主建构的方式，观察、判断、操作、体验，让幼儿在与材料、同伴的互动中，不断面对挑战、发现问题、解决问题，促使幼儿对自制拖把的认知经验从粗浅走向深入，在行动的过程中不断建构新经验，引发幼儿的深度学习。

（四）提供多种表达媒介，让幼儿的劳动经验看得见

工程劳动课程实施过程中，我们采用多种方式支持幼儿表达。如：师幼共同绘制“工程劳动大书”、举行工程劳动成果发布会、进行各类宣讲活动等。通过多种渠道倾听幼儿的声音，让幼儿的劳动经验看得见。

1. 绘制“工程劳动大书”，记录劳动经验

工程劳动过程中，幼儿会接触到很多方面的经验。为了更好地记录活动的进展和探究过程，我们改变以往常用的墙面环境呈现方式，提倡教师做可移动、可取下的各类记录材料。幼儿在教师的帮助下，通过图画、对话、设计图、照片、录音等方式记录探究过程，教师则及时将丰富的内容汇集、装订成“工程劳动大书”，有的内容还上传至网络转成二维码形式，幼儿可以随时翻阅、交流、扫码观看或倾听，幼儿的学习经验更加立体、生动。

2. 举行充满“儿童味”的仪式，共享劳动经验

工程劳动课程启动之前和结束之后，幼儿园会举行“充满儿童味”的仪式，给幼儿搭建经验共享的平台，如“小小工程队”开工仪式和工程劳动成果发布会等。这些仪式是为幼儿创造表达经验、共享经验的平台——一群有着共同研究目标和任务的幼儿，经历解决各种问题的过程，共同完成了工程劳动任务，当他们站在台上，通过语言介绍、成果展示、照片呈现、互动交流等多样化的形式，熟练地向大家宣讲他们的研究过程时，就将研究成果和经验共享给更多幼儿，也使在场有着共同经历的幼儿的内心产生同频共振，他们的经验也得以拓展。

3. 在生活中跨界拓展，运用劳动经验

随着课程的推进，幼儿的研究成果也在生活中得以运用，从年级组共享至全园，从班级延伸到家庭，如设计宣传单、商量宣讲内容、练习宣讲、设计宣讲路线、制作“借用卡”、制定“使用公约”等。随着成果使用范围的扩大，新的学习内容也在不断创生。工程劳动内容本就源于幼儿的生活，最后其成果又运用于幼儿的生活，让幼儿觉得自己是有能力的学习者。

幼儿园工程劳动成果运用表（部分）

劳动成果	使用范围	创生的学习内容
自制沙漏	班级自主点心区、区域游戏	将不同的计时沙漏运用到各游戏区角
自制小拖把	班级自我服务劳动、家庭劳动	亲子制作小拖把，参与家庭劳动
恐龙运被拖车	其他班级轮流借用	设计宣传单、“借用卡”，竞当宣讲员
公园长椅 移动晾衣架 夏日遮阳房	全园幼儿共享	制定“成果使用公约”

三、工程劳动课程的空间建设

为便于大家更好地开展工程劳动，使幼儿更好地合作、交流、操作，我们在学习空间方面进行整体规划与建设，通过改造传统学习空间、丰富工程劳动课程资源等措施支持幼儿从事工程劳动。

（一）改造传统学习空间

1. 对各大功能区进行改造

资料查阅区、设计区、制作区、材料区、工具区、展示区等多功能的区域设置，为幼儿开展工程劳动提供了空间保障，有利于幼儿在区域中开展相应的活动。

2. 继续丰富硬件资源

进一步完善木工房、建构室、沙水区的设施，丰富硬件资源。木工房，在原有设备的基础上添置自动切割、打磨机器等，新增大量来源于生活的材料；建构室，添置墙面立体插塑，拓展幼儿搭建、创想、制作的空间；沙水区，添置大型引水工具、材料，丰富幼儿的活动内容。

3. 建立工程劳动活动中心

丰富的课程内容背后是教师对幼儿生活事件的关注，是教师专业的支持策略，在师幼共同参与创造的过程中，园内的课程资源被盘活了，幼儿园的环境从单一的展示性环境逐渐发展为充满生命力的参与性、探究性环境。根据我园的实际情况，我们罗列了九个工程劳动活动中心，活动中心的资源不断被挖掘、开发，持续生成鲜活的工程劳动内容。

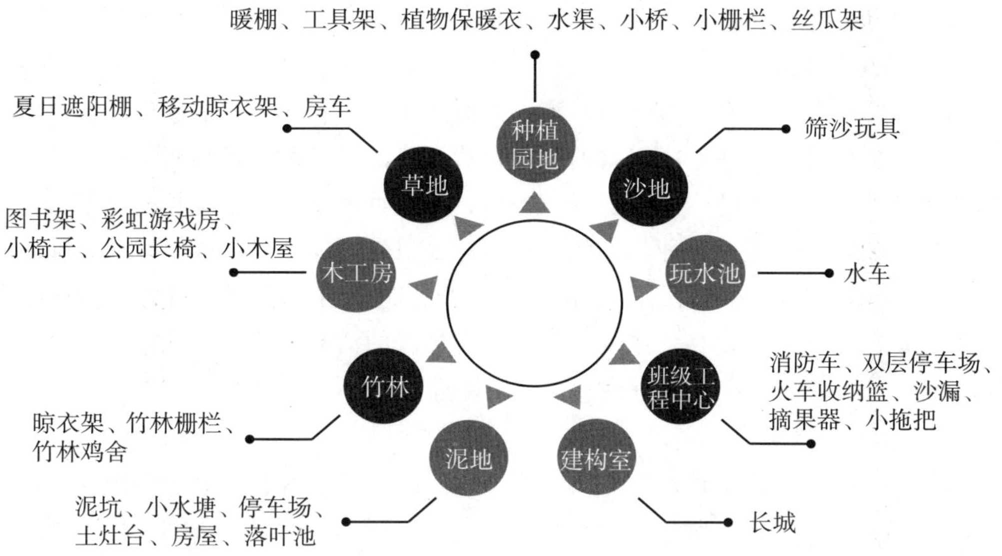

幼儿园工程劳动活动中心及主要课程内容示意图

4. 创设工程劳动区域中心

工程劳动区域中心是根据课程需要而创设的。工程劳动主要是一种小组式、项目式学习，为了避免仅有部分幼儿参与活动的局限性，让更多幼儿体验课程，形成共同经验，产生经验共感，我园根据幼儿在工程劳动中所获得的关键经验，从技能、材料、模型、局部四个方面，与幼儿共同设计、生成相关的区域活动。例如：围绕工程劳动所需要的相关技能（测量、称重、钉钉子、锯木头、连接等）生成测量区、称重区、木工区、科学区；围绕工程劳动使用的材料（砖头、竹子、木条、树枝、泥巴等）生成低结构材料区；围绕工程劳动需要的模型（暖棚、晾衣架、游戏房等）生成模型区；围绕工程劳动成果的部分内容（帐篷房子的门帘、暖棚保护膜等）生成制作区。

（二）开发工程劳动课程资源

1. 多角度拓展资源

工程劳动课程的实施离不开课程资源的支撑。虞永平教授认为，幼儿园课程资源是丰富多样的，且每个幼儿园处于特定的自然、社会及文化环境中，各自都必然拥有独特的优势资源。一个开放的课程方案应该吸纳这些优势资源并为“我”所用。① 可以说，不断挖掘园内外资源，为工程劳动课程内容的更新、补充和调整提供了新的通道。对园内外课程资源进行开发，并使其不断融入幼儿园课程，是建构、丰富、完善工程劳动课程体系过程中不可或缺的环节。在实践研究过程中，我

① 虞永平．关于幼儿园课程的理想、构想和遐想［J］．山东教育，2003（z6）：6-9.

园对工程劳动课程资源进行了多维度的梳理和运用。

（1）用好园内资源

园内许多资源都具有教育价值，能引发幼儿的学习，如茂密的小竹林、灵趣的种植园、多样的沙水泥池等，丰富的资源给幼儿提供了发展的机会和可能，教师则要善于引导幼儿发现资源、用好资源。例如，春天竹林里的竹子生长得过于密集，教师敏锐地发现竹子是一种原生态的课程资源，对幼儿充满了挑战性。在教师的带领下，幼儿通过观察测量竹子、合作砍竹子、分组锯竹子，探索用竹子制作晾衣架、篱笆墙、暖棚架等。在一系列真实、富有挑战的活动中，师幼共同挖掘竹子的潜在教育价值，发现、建构适宜的工程劳动课程资源。

（2）开拓园外资源

工程劳动课程资源坚持室内和室外相结合、园内和园外相结合的原则。教师尤其要充分利用园外的课程资源，充实工程劳动课程内容，使之成为幼儿获得新的学习体验、萌发新的学习愿望的过程。我园教师经常走出幼儿园了解周边环境，将周边的物质资源利用好，尽可能为幼儿的工程劳动服务。如：搭建暖棚工程劳动中，教师利用红光村蔬菜基地的资源，组织亲子参观蔬菜基地的活动，使幼儿在真实生活中积累关于建造暖棚的经验；建造消防车工程劳动中，教师利用公交车队、消防大队等园外资源，组织采访、参观、体验等系列活动，给幼儿创造整体体验的机会，使他们获得多样化经验。

（3）整合家长资源

家长作为重要的课程资源，是幼儿园重要的合作伙伴，我们希望家长带着饱满的热情参与到工程劳动中来，但有时得到家长的支持并不容易。为了让家庭、幼儿园的教育理念保持高度一致，我们首先拍摄了一些家庭教育微视频，结合通俗易懂的语言，对家长进行劳动理念宣讲。其次，吸纳部分家长参与课程审议，这对于激发教师的课程智慧、发现更丰富的课程资源具有重要的意义，也有助于家长和教师顺畅沟通，形成更多的教育共识。最后，班级教师定期向家长讲述课程故事，让家长体验和感受幼儿参与工程劳动课程后获得的成长。通过以上策略，我园家长逐渐成为课程的参与者，给工程劳动课程提供了丰富的物质材料、知识信息等多种类型的课程资源。

2. 多维度梳理资源

给幼儿提供丰富、适宜的材料，就是为幼儿创设适宜的学习环境，促进幼儿的学习和发展。运用什么样的材料，决定了幼儿将进行什么样的学习。我们采用项目资源和分类资源相结合的方式，对资源进行梳理，充分挖掘资源的价值。

（1）对单个资源的梳理

工程劳动开展前，教师围绕单个工程劳动内容挖掘可利用的资源，随着活动持续推进、发展，课程资源也需要不断丰富、更新和完善，为幼儿的学习提供更有力的支持。下面以木工工程劳动“做椅子”为例。

木工工程劳动“做椅子”课程资源表

资源类别	资源具体内容
工具资源	物质工具：锯子、榔头、不同长度的钉子、记号笔、尺、安全帽、手套等
	心理工具：思考、探究、学习、记忆、模仿、迁移、生成等
材料资源	1. 宽度、厚薄不等的木板，长短不同的木棍 2. 网络资源、幼儿参与活动的照片 3. 照相机、摄像机、录音笔
空间资源	实物空间：木工房专用室、班级木工区
	心理空间：充足的探究时间，鼓励、支持的态度和积极主动的探究氛围
人力资源	门卫爷爷：为幼儿提供切割、安装等技术支持 幼儿家长：请擅长木工的幼儿家长当助教老师，丰富幼儿使用工具的经验

（2）对不同类型资源的梳理

在对单个课程的资源进行梳理的基础上，我园从工具资源、材料资源、空间资源、人力资源四个维度进行整合，形成工程劳动资源库。下面以两个例子进行说明。

工程劳动工具资源表

工具类别	支持幼儿探究的工具
种植工具	收集工具：锄头、钉耙、铁锹、毛刷、剪刀、洒水壶、温度计、湿度计 自制工具：不同喷水量的喷壶、植物生长测量尺
观察工具	正规工具：放大镜、照相机、摄像机、显微镜、测温仪 自制工具：装满水的瓶子
称重工具	电子秤、台秤、杆秤、天平、弹簧秤等
测量工具	正规工具：米尺、卷尺、皮尺，塑料或木质的直尺、三角尺 自然工具：线绳、积木、吸管、树枝、毛根、毛线、身体部位 自制工具：自制尺子
记录工具	电子记录工具：照相机、录音笔 纸质记录工具：劳动日记本、设计图、记录单、记录表
挖掘工具	收集工具：铲子、锄头、钉耙、铁锹 自制工具：竹子、木棍、木板、用矿泉水瓶做的铲子、塑料管
搬运工具	小推车、滑板车、三轮车
木工工具	锯子、榔头、锉刀、胶枪、螺丝刀、木工尺、各种型号的钉子、固定夹
防护工具	雨靴、手套、安全帽、护目镜、口罩、连体防水衣

工程劳动材料资源表（以建筑工程劳动为例）

	主要材料	辅助工具	绘本资源
建筑工程劳动	木条、木板、空心砖块、85红砖、青砖、水泥、黄沙、稻草、瓦片等	户外探索工具包（手套、帽子、挖掘工具、观察工具、记录工具等）、雨靴、雨衣、防护服、仿真砖块、运输车、小推车、刮板、墨斗、平衡尺等	《了不起的中国建筑·我们的古建筑》（北京体育大学出版社出版） 《小小桥梁建筑师》（长江少年儿童出版社出版） 《我们的建筑》（安徽科学技术出版社出版） 《了不起的建筑》（中信出版社出版） 《揭秘建筑》（未来出版社出版） 《中国楼》（河南科学技术出版社出版） 《大型机械与工地》（福建科学技术出版社出版） 《小小建筑师》（中信出版社出版）

四、工程劳动课程的师资建设

实施有效的工程劳动教育离不开教师队伍，专业的工程劳动教育师资能保证工程劳动教育的质量，因此，我园积极承担起提高教师劳动教育能力的责任，为骨干教师提供丰富的培训机会和资源，通过建立学习共同体、成立专项研究小组等举措，促进教师对劳动教育相关文献的学习，加强教师之间劳动教育经验的分享，不断提高教师工程劳动教育专业水平。

1. 建立工程劳动教育学习共同体

2019年，我园加入由南京师范大学教育科学学院虞永平、刘颖老师领衔的幼儿园劳动教育研究团队，参与对幼儿园劳动教育的研究。在专家团队的引领下，我园教师对工程劳动教育的内涵有了更深刻的理解。每学期定期与专家团队交流，明确下阶段的研究方向，加快研究进程，推进教师专业成长。同时，我园成立了工程劳动教育研究学习共同体，在全园范围内集结有较强学习能力和创新能力的骨干教师作为研究先行者，确定以中、大班为主阵地的工程劳动教育试点班，以点带面，开展工程劳动教育园本化课程的实践与探索。

2. 成立工程劳动教育专项研究小组

为了跟踪各班工程劳动活动的进展，我园根据工程劳动的类别成立了专项研究小组，每个小组都有业务管理负责人跟进指导。把同一工程劳动类别、不同年龄段的班级组合在一起，有助于教师更好地把握幼儿的年龄特点和学习方式，让工程劳动内容更加符合幼儿的发展水平。详见下表。

幼儿园各班工程劳动项目研究负责人

工程类别	年龄段	研究内容①	研究内容②	业务负责人
木工工程	中班	中 3 班：影子大舞台	中 4 班：摘果器	谈海燕
	大班	大 3 班：游戏房		
建筑工程	中班	中 11 班：土灶台		谈海燕
	大班	大 1 班：房屋		
水利工程	中班	中 5 班：给大树浇水		徐芳
	大班	大 4 班：给菜园浇水	大 2 班：给菜园引水	
种植工程	中班	中 2 班：长豆架	中 2 班：自然角半自动浇灌工具	徐芳
	大班	大 9 班：丝瓜架	中 3：植物防晒衣	
交通工程	大班	城郊部大 2 班：运输车		管莲
其他工程	中班	中 1 班：自助洗车房		管莲

3. 跟进式指导和持续式教研相结合

持续式教研是根据工程劳动研究的不同阶段以及跟进指导中发现的问题而进行的研讨活动。工程劳动各小组业务负责人每周 2 次走进劳动现场，了解教师的研究现状、幼儿的探究兴趣和行为，进行跟进式指导，推进研究。

第一阶段，聚焦工程劳动研究的框架进行审议，具体有小组内审议、项目组审议、园部审议，力求让研究框架更加完善。

第二阶段，聚焦工程劳动研究过程，持续推进。项目组教师通过分享工程劳动推进过程中的观察指导策略、环境创设方法等，审视自身的教育理念和行为，大家从中发现有价值的思考、指导策略，以此提升教师群体组织工程劳动课程的能力。

第三阶段，聚焦工程劳动经验分享，总结提升。我们选择有质量的工程劳动案例进行全园的分享交流，将工程劳动教育经验向全园辐射，促进全园教师的专业成长。

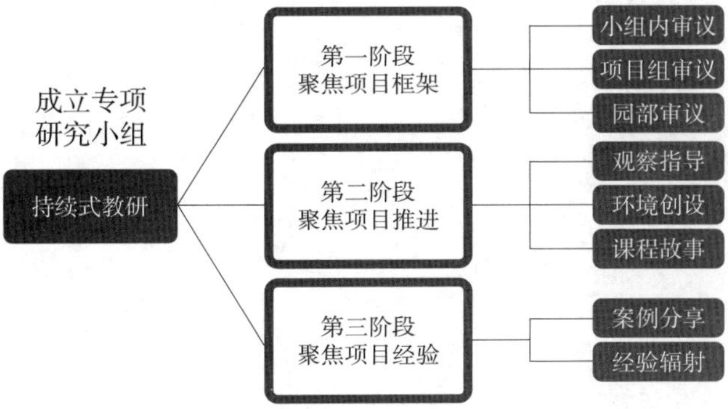

持续式教研三个阶段的流程示意图

以上是我园开展工程劳动教育园本化实践的粗浅尝试和做法。我们将不断优化研究方法和策略，提升行动研究的实效，通过实施幼儿园工程劳动教育研究，让教师深刻理解幼儿园开展劳动教育的意义，关注幼儿的劳动过程，聚焦工程问题，不断追随幼儿、解读幼儿，支持幼儿进行有深度的工程劳动学习。我们将继续对幼儿园工程劳动教育进行“深耕细作”，在充满自然、情感、挑战、趣味的工程劳动中，帮助幼儿为未来的发展积聚可持续的经验，使他们无论在未来遇到什么问题，都能从曾经经历过的幼儿园劳动活动中获得面对困难的勇气和解决问题的智慧，即赋予幼儿勇敢面对未来挑战的力量！

第二章

工程劳动课程的资源建设

工程劳动课程资源是工程劳动课程实施过程中可利用的一切人力、物资以及自然资源的总和。课程资源建设是工程劳动课程发展的需要，幼儿园应充分利用、丰富、拓展园内外资源，扩展幼儿学习的空间。

在工程劳动课程实践中，我园积极改造园内空间资源，充分利用园内外的材料资源、人力资源等，让课程资源建设契合工程劳动课程发展的需要，促进幼儿全面和谐发展。

幼儿绘画表征：在泥地上挖泥坑是个好主意

第一节
工程劳动课程的空间资源

一、园内空间优化

（一）生态化的户外空间

充满生态性、自然性、趣味性的户外环境不仅是幼儿探索自然的场地，也是幼儿参与工程劳动的独特空间。我园充分利用已有的生态资源，对户外空间进行合理规划，在种植园地、竹林、泥地、草地、沙池、玩水池等场地，根据幼儿的需要开展各具特色的工程劳动，使幼儿园的户外空间成为让幼儿不断发现、探究并学习的场所。

1. 种植园地

幼儿园的种植园地是开展工程劳动的天然实践场。在种植园地里，有多样化的植物，有小沟小渠等，自然资源十分丰富。这里不仅是幼儿专属的种植场地，更给

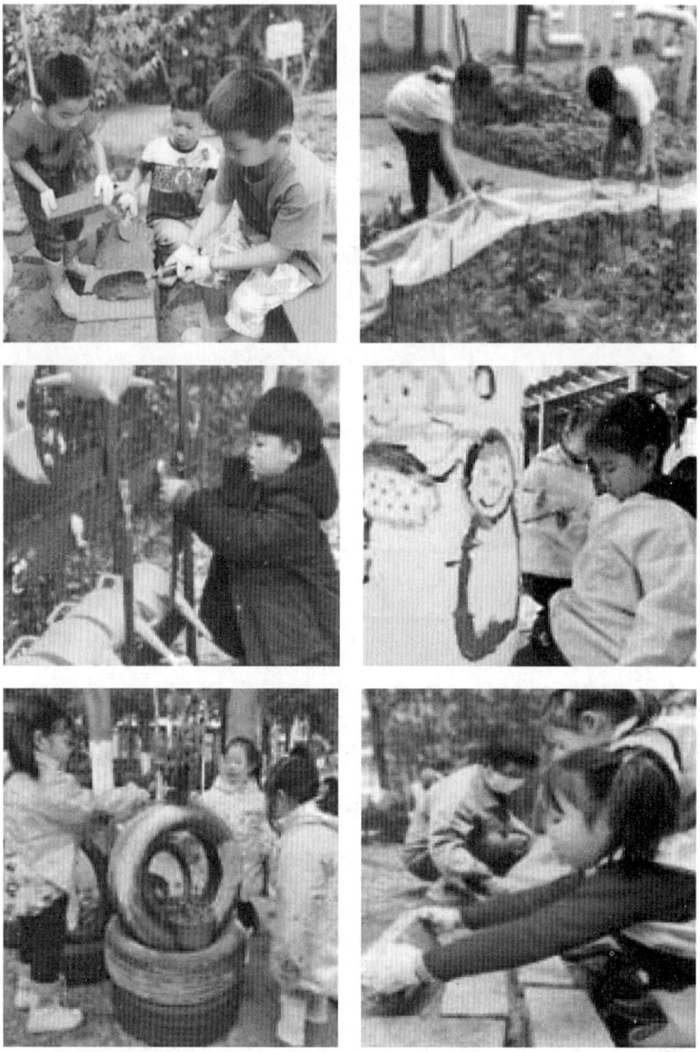

幼儿提供了参与工程劳动的机会。幼儿可以根据自己的需要和想法挖水渠、引水、围栅栏、做工具架、设计景观花园、制作雨水收集器、造小桥、筑池塘、铺感官小路等。这些有趣的活动自然出现在种植园地的各个角落，幼儿在这里尽情享受工程劳动的乐趣和挑战。

2. 竹林

竹林同样是幼儿参加工程劳动的基地之一。幼儿在竹林中饲养小鸡、小鸭、小兔子等动物，因此，为小动物建造房屋是幼儿经常参与的一种工程劳动，而竹子也是幼儿经常使用的自然资源，幼儿根据活动需要，对竹子进行锯、砍、切、拼、搭、绑等操作，发展测量、搬运、切割等劳动技能，在竹林中搭建小动物专属的“生态之家”。

3. 泥地

玩泥、踩泥、挖泥，幼儿对泥土的探索无穷无尽。作为一种生态化的自然资源，泥土具有较强的可塑性，建造房屋、土灶台、停车场等一系列典型的工程劳动在幼儿园的泥地上展开。幼儿自主参与，自主设计，在泥土的世界充分探究，体验工程劳动的乐趣。

4. 草地

在草地上展开的工程劳动，源于解决幼儿生活中的真实问题：在小草萌芽的季节，为了保护草地，幼儿设计并利用各种材料制作草地围栏；夏季，户外炎热，为了避暑，幼儿设计并制作户外遮阳棚。在不破坏草地环境的前提下，幼儿在草地上开展多种工程劳动，为自己的生活服务。

5. 沙池

沙池是幼儿最喜欢的户外场地之一，因此，在沙池周边开展的工程劳动受到了很多幼儿的青睐。在这里，幼儿可以共同参与玩沙配套工具或装置（如雨鞋架、多种玩沙工具等）的设计和制作。工程劳动让幼儿的玩沙内容得以丰富，玩沙空间得以拓展。

6. 玩水池

有了工程劳动的参与，玩水池的游戏不再局限于打水仗。在这里，幼儿会产生各种玩水的想法，教师支持并帮助幼儿实现自己的设计和想法。如：幼儿不满足于在池边玩水，利用水桶建造漂浮船，驶向水池中间玩耍；为了探究不同的引水工具，在门卫爷爷的帮助下，师幼共同搭建木制大水车。在满足一系列玩水需求的过程中，幼儿的经验不断得到拓展和提升。

（二）专用的室内空间

除了户外空间，幼儿园还设置了供教师和幼儿进行工程劳动的室内空间，主要有木工房、建构室和班级工程劳动区域。这些空间由师幼共同创设，教师鼓励幼儿在这些空间里自主选择、自主探索，满足幼儿操作、探究、游戏的需要。

1. 木工房

木工房为幼儿提供各类适合他们使用的木工材料与工具，幼儿在活动中根据自己的兴趣自主选择材料并充分展现自己的创意。木工房设有材料区、工具区、设计区、制作区、展示区等不同功能的区域，便于幼儿参与工程劳动。

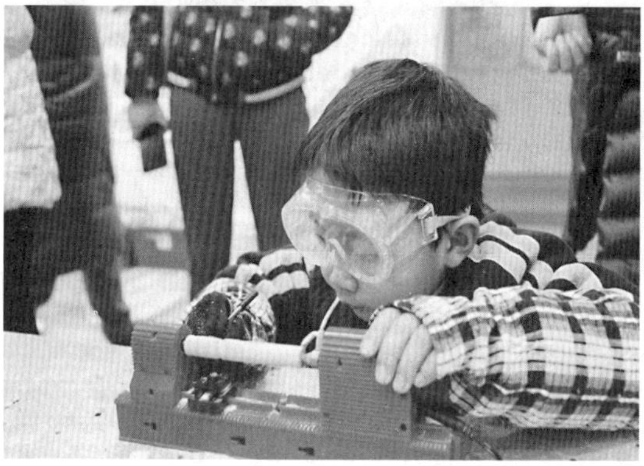

2. 建构室

建构室往往是工程劳动实地建造前的模拟建造室，幼儿在建构室会进行多次建造尝试，涉及搭建、连接、垒高、平衡等技能。建构室功能的设置跟木工房相似：在入口处的装备区提供工程安全帽和小背心，赋予幼儿“小小工程师”的角色；柜子里、箩筐中分类摆放建构材料，方便幼儿取用；设计区，提供纸和笔，供幼儿设计图纸；柜门上，悬挂作品展示板，便于幼儿展示成果、分享经验；建构墙，便于立体化呈现幼儿的作品，打破平面空间上的局限，帮助幼儿拓宽思路。

3. 班级工程劳动区域

幼儿园工程劳动主要是小组式、项目式的学习，为了让更多幼儿形成共同经验，我们还在班级游戏区设置工程劳动区域。根据幼儿在工程劳动中获得的关键经验，从技能练习、材料选用、模型搭建等方面来规划班级区域，如在班级设置链接工程劳动技能的测量区、称重区，划出为实地建造做准备工作的模型建构区等。师幼在班级工程劳动区域里共同设计生成相关区域游戏，使工程劳动与区域游戏相融合，兼顾个别学习和集体学习，促进幼儿深度学习的发生。

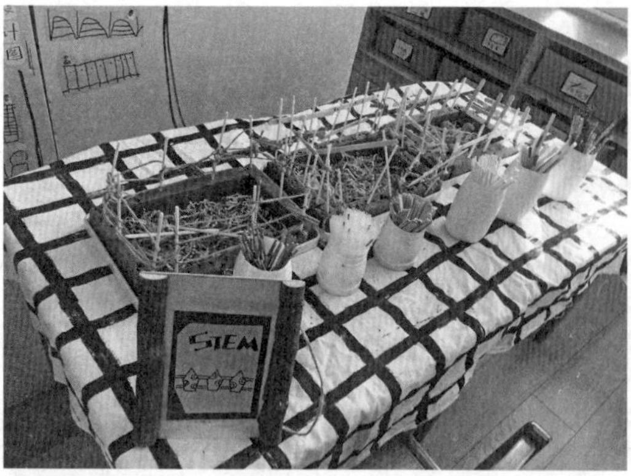

二、园外空间拓展

（一）自然环境资源

幼儿园周边有着丰富的自然环境资源，既能让幼儿在真实的生活中获得多样化的经验，又能满足不同工程劳动的需求，有助于推进课程实施。幼儿作为课程资源开发的小主人，共同参与对自然环境资源的调查和收集。

1. 公园

幼儿园周边公园数不胜数：船厂公园、消防主题园、黄山湖公园等。不同的主题公园都有着独特的资源。结合工程劳动内容，师幼一起进行前期参观、调查、访问。如：教师带领幼儿走访远望号轮船、参观消防主题广场、探索不同树木的秘密、寻找不同种类的公园长椅……在这些活动中，幼儿为后期建造漂浮船、建造消防车、自制摘果器、制作公园长椅等工程劳动积累了丰富的经验。

2. 桥

幼儿园周边有长江大桥、五星桥、杏春桥、黄田港大桥、临江桥等造型各异的桥。在幼儿园，建造小桥也是幼儿喜欢的一类工程劳动。教师带领幼儿实地参观、调查，让幼儿对生活中桥的种类、整体构造、主要组成部分有初步了解和直观感受，对后期开展建造砖头桥、小木桥等工程劳动起到经验铺垫作用。

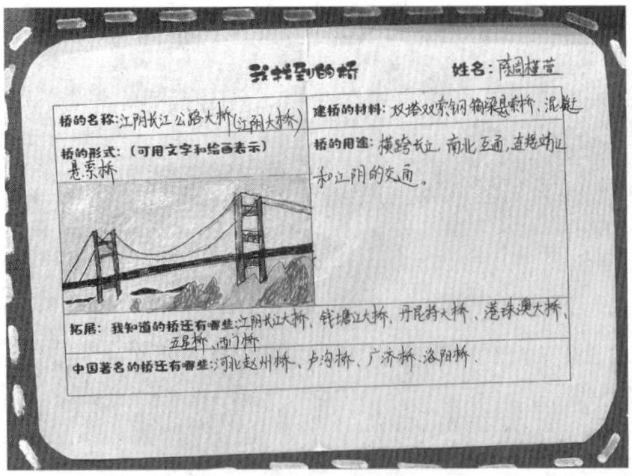

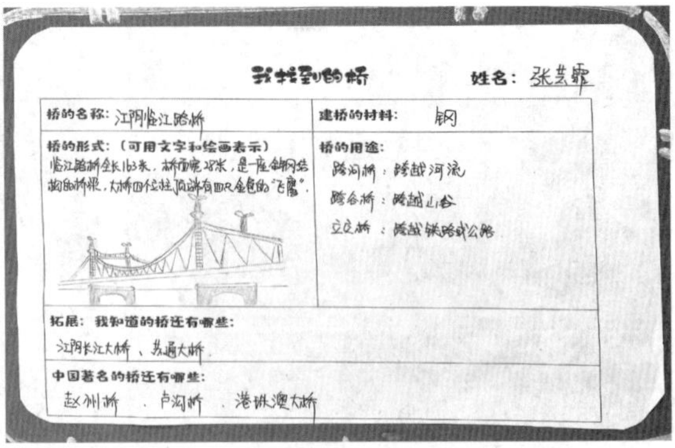

（二）社会环境资源

我园结合具体的劳动内容，有效利用幼儿园周边的社会资源，如图书馆、科技馆、园林公司、公交公司、消防大队等公共机构和场所，以拓宽幼儿生活和学习的空间，让幼儿在真实的场景中，通过直接感知和亲身体验与环境“对话”，与不同的人员对话。

1. 消防大队

消防大队是社区中的重要资源。它作为保护人民生命财产安全的机构，承担着防火监督、消防知识普及、灭火救援、社会救助等任务。在参观消防大队时，幼儿对消防车、灭火器、防护服等多种灭火设备非常感兴趣，由此产生了想要建造消防车的设想。于是，我们将消防车请进校园，让幼儿近距离了解消防车的内部结构和功能，为接下来在班级工程劳动区域建造消防车做经验准备。

2. 公交车队

公交车是幼儿生活中常见的交通工具，给人们的生活带来便捷。幼儿对来来往往的公交车是充满好奇的，因此，幼儿园联系公交车队，开展“公交车进校园”活动。当庞大的公交车开进校园时，幼儿欢呼起来。幼儿坐上公交车，迫不及待地向司机叔叔询问各种问题，司机叔叔耐心地向幼儿讲解公交车的内部结构，以及一些设备的作用。这个活动激起幼儿想要建造各类交通运输工具的想法，他们建造“恐龙运被拖车”“火车收纳篮”“运球车”等，都是在此活动影响下而产生的工程劳动内容。

3. 木材市场

木材市场是幼儿园开展木工工程劳动所需材料的重要来源，也是幼儿认识、了解各种木材的特性及木工工具使用方法的重要场所。在打造班级图书架之前，幼儿在家长的陪同下来到木材市场，通过专业人员的帮助，对比、了解不同木材的特性，为班级图书架选择适宜的木材，并根据图纸请专业人员帮助切割尺寸适宜的木条、木板。经历了一系列活动，幼儿解决问题的能力和社会交往能力进一步提升了。

4. 园林公司

种类丰富的树木是幼儿园工程劳动的重要资源之一。由于教师缺乏树木养护专业知识，因此幼儿园邀请园林公司的专业技术人员参与工程劳动。在“同种毕业树”活动中，幼儿在家长的陪同下来到园林公司，与工人叔叔沟通交流，选择适合种植的毕业树，同时邀请工人叔叔来园，共同选择适合种植毕业树的场地，大家一起种下毕业树。在此过程中，幼儿了解到许多关于树木种植与养护的知识，园林公司专业人士的参与让工程劳动的实施过程更加有趣、丰富和专业。

第二节
工程劳动课程的材料与资源

一、建筑工程劳动的材料与资源

建筑工程劳动的开展离不开工程实体，以砖为主要材料的房屋、灶台等建筑，是最为常见的一类工程实体，而以此为主题开展的一系列劳动又引出相应工具的使用。在建筑工程劳动中，幼儿的经验从健康领域出发，拓展到科学、数学、技术、语言、社会等领域，他们在建筑工程劳动的推进过程中获得全面和谐的发展。

（一）建筑工程劳动的主要材料

建筑工程劳动中，砖、瓦、水泥、黄沙等是最为典型的材料。材料并不是在工程劳动初期就悉数投入，而是随着工程劳动的推进逐步添加的。

1. 砖

作为最基础的建筑材料之一，砖类被广泛应用于各类建筑工程中，房屋建筑工程中使用得最为频繁：地基、墙壁、梁柱的主体材料都是砖块。而基于不同的使用环境，又衍生出对不同种类砖块的需求：

室内沙盘需要轻型材料，因此选用泡沫砖块和小砖块。

“停车场”地基铺设需要较薄且足够坚实的材料，因此选择实心砖。

搭建鸡舍墙壁需要强度较高且轻的材料，因此选择多孔砖。

有些情况下还需要一些“特殊造型”的砖头，如半砖。

工厂生产出来的建筑用砖块有其真实的尺寸与重量，幼儿需要的不仅仅是固定尺寸的砖块，偶尔也需要对砖块进行拆分和改造。此外，大尺寸或更重的砖块，往往难以徒手长距离搬运，这也促使幼儿积极思考如何运用辅助工具运输砖块。在解决工程材料方面各种问题的过程中，幼儿的臂力、手部肌肉与身体的协调性都得到了锻炼，工具的选取和使用能力、路线的规划能力等也得到发展，潜移默化中，他们积累了丰富的劳动经验。

2. 瓦

建筑工程劳动中所用的瓦片，是生活中最常见的小青瓦，主要用来搭建房顶。瓦片尺寸固定，且材质较脆，易碎，使用瓦片搭屋顶这项任务对幼儿来说难度不低，对幼儿规划设计房顶坡度、布局瓦片的能力提出了很大的挑战。

3. 水泥、黄沙

单纯依靠堆叠、累加砖块来建墙，建成的只会是摇摇欲坠的危墙。在经历数次墙体倒塌“事故”后，幼儿自然地意识到这一点，开始寻求必不可缺的黏合材料——水泥与黄沙。不光是房屋建筑类工程要用到水泥和黄沙，铺路等地基建设工程也需要它们。当然，投放这类材料后也会面临各类安全风险，因此成人的协助很重要。

（二）建筑工程劳动的辅助工具

建筑材料的使用离不开工具的辅助，单单使用一种材料都会衍生出大量对工具的需求，因此，幼儿园必须将各类工具准备齐全，并预见将来可能需要的工具，以提前准备，避免幼儿在探索时陷入有想法却无法实行的困境。当幼儿可以不受约束地使用想要的工具时，他们对材料的探索也会更加深入。

1. 铁锹

铁锹是挖掘劳动的主要工具。为方便幼儿使用，一般优先准备尖头铁锹。基于幼儿的能力差异，长柄和短柄铁锹可分别采购一些。幼儿使用铁锹的过程也是他们感受杠杆原理并将其付诸实践的学习过程——手握柄的位置、脚踩的位置、发力的位置，分别在哪里合适？这些都是他们的珍贵体验，引领他们逐步走近科学。

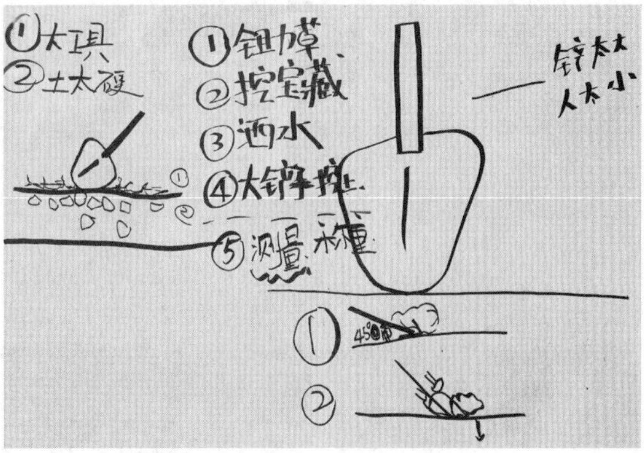

2. 抹泥板

抹泥板主要与水泥配合起来使用，幼儿在用抹泥板抹水泥时，能近距离接触水泥，感受水泥的性质。

3. 测量工具

量的概念在幼儿身边随处可见，当幼儿对事物从好奇转为对比其特征，就需要测量的经验，而“尺”是推动幼儿学习测量的最合适的工具。根据幼儿能力的差异，“尺”可以是正规测量工具，如米尺、皮尺、卷尺，也可以是自制的测量工具。通过“尺”的制作和使用，幼儿能够亲身体验测量的乐趣，并感受到纵横方寸间隐藏的数学原理，积累数学与科学经验。

4. 防护手套、安全帽、连体服

在建筑工程劳动中，教师需要时刻关注幼儿的安全，因此各类护具要及时、正

确地穿戴使用，以提供全方位的保护，最大限度避免安全事故的发生，助力幼儿全身心地投入建筑工程劳动。

5. 小车

各式各样的小车是建筑工程劳动中不可或缺的运输工具。除了常见的独轮手推车，我园还给幼儿提供带货架的三轮车、可牵引的平板手推车等。而如何为自己要运输的材料挑选合适的小车，这是教师留给幼儿自主思考的判断题与选择题——大胆放手，却又环环相扣的设计，正是我们为幼儿勇敢探索与发现所提供的支持。

此外，建筑工程劳动还有诸多绘本资源。例如：《揭秘建筑》从原始人居住的地方、最早的城镇、世界各地的建筑、古代的伟大建筑、摩天大楼、现代和未来的建筑等方面介绍了有关建筑的科普知识。《我的建筑形状书》则从建筑物最显而易见的形状入手，帮助幼儿先记住建筑物的外形，再初步了解建筑背后的秘密，由此发现生活中各类建筑的大致结构，并活用于建筑工程劳动中。

下表整理了我园建筑工程劳动所用的主要材料、辅助工具与绘本资源。

建筑工程劳动的主要材料、辅助工具与绘本资源

	主要材料	辅助工具	绘本资源
建筑工程劳动	砖头、木板、水泥、黄沙、稻草、瓦片、钉子	铁锹、铲子、水管、米尺、卷尺、皮尺、自制测量工具、电子秤、弹簧秤、抹泥板、安全帽、连体服、雨靴、手套	《揭秘建筑》 《房屋和家》 《建造一条路》 《建筑工地上的一年》 《我的建筑形状书》

二、木工工程劳动的材料与资源

对幼儿来说，木工是他们最喜欢的工程劳动，他们通过使用木工工具享受造物乐趣，同时锻炼了专注力、坚持、耐心、严谨等优秀的劳动品质。

（一）木工工程劳动的主要材料

木工工程劳动中主要的材料之一便是木料。为了满足幼儿在工程劳动中的各种创作需要，我园为幼儿提供大量长短不一、形状不同、质地不同的木料，供他们自由选择：盖木房时取用长木条搭框架，制作凳子时挑选木桩做凳脚，制作小相框时选择小木片……在取用木料的过程中，幼儿逐渐掌握选材的诀窍。

（二）木工工程劳动的辅助工具

1. 榔头

喜爱敲打是幼儿的天性，虽然多数幼儿没有使用榔头的经验，但他们都有使用榔头进行敲打的意识。幼儿在使用羊角榔头的过程中，逐渐发现用扁平的一头来敲击钉子更方便，另一头则可用来拔起钉错位置的钉子。

2. 锯子

锯子也是木工工程劳动的基本工具之一，我们将大小不同的手锯、弓锯等悬挂在木工房墙面上，幼儿可以自行选取，用来截取自己所需要的不同长度的木料。投入此类工具也会面临较大的安全隐患，教师在引导幼儿正确操作的前提下，也要格外关注他们使用锯子的安全性。下图是我们请门卫爷爷帮忙示范正确的使用锯子的方法。

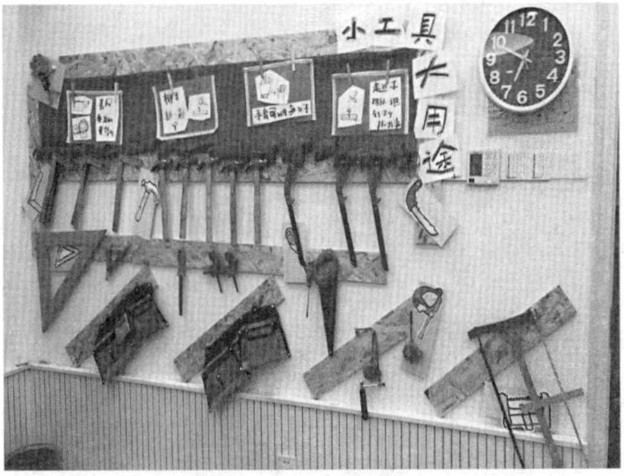

3. 手动钻孔机

钻孔机操作方法简单，易上手，在幼儿刚开始使用钻孔机时，通常选择两两合作，一人固定木板，另一人持机，转动旋钮使钻头向下打孔。熟悉操作流程后，幼儿也可以独立操作。

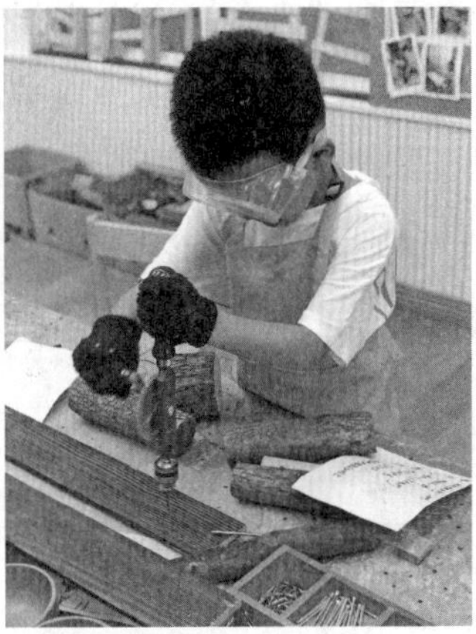

4. 电动工具

现代化的电动工具也是不可或缺的一类木工工具。相比于费时费力的手动工具，电动螺丝刀只需握住枪柄，摁动扳机，即可使用；切割机配合木料固定器，方便幼儿进行切割木料的操作。幼儿须在成人帮助下安全使用电动工具。

5. 防护物品：护目镜、围裙、手套等

幼儿人手一套防护装备，为他们提供有效防护，也有利于幼儿养成自我保护的良好习惯。活动中，师幼共同商量安全帽、护目镜的使用方法，共同制定安全守则，守护活动安全。

此外，木工工程劳动还有诸多绘本资源。例如：《DK 木工全书》是一本经典图书，书里介绍了手动工具、电动工具以及机械工具在木工劳作中的选择和使用方法，幼儿从图例中可以认识常见的木工工具。《建房子》绘本等，能让幼儿了解造房子的工序，同时对材料和工具的性质、类别和功能等形成初步的认识，从而可以学习选择合适的工具和材料进行简单制作。

下表整理了我园木工工程劳动所用的主要材料、辅助工具与绘本资源。

木工工程劳动的主要材料、辅助工具与绘本资源

	主要材料	辅助工具	绘本资源
木工工程劳动	木条、木板、木片、树枝、树桩、钉子、竹子	榔头、锯子、钻孔机、凿子、刨子、墨斗、电动螺丝刀、木料固定器、切割机	《木工》《建天台》《建房子》《DK 木工全书》

三、水利工程劳动的材料与资源

我园结合园内外丰富的自然资源，因地制宜，打造一个个原生态的水利工程项目。水利工程劳动中较多运用到 PVC 管、竹槽、水管、水瓶等材料，以及相应的劳动工具和防护用品，它们为幼儿开展水利工程劳动探究创造无限可能性。

（一）水利工程劳动的主要材料

结合生活经验，幼儿发现，蓄水、引水材料的共同特性都是中空的，因此，竹子、饮料瓶、水管、水桶、水箱等物品都成为可选用的水利工程材料。

1. PVC 管

在思考如何给种植园地里的植物浇水这个问题时，幼儿首先想到的是利用常见的浇水工具，如矿泉水瓶、喷水壶、杯子等，但由于距水池较远，使用这类工具不够方便，于是幼儿提议可将区域游戏中的PVC管连接起来使用，很快他们就建成了种植园地的第一代引水管道。

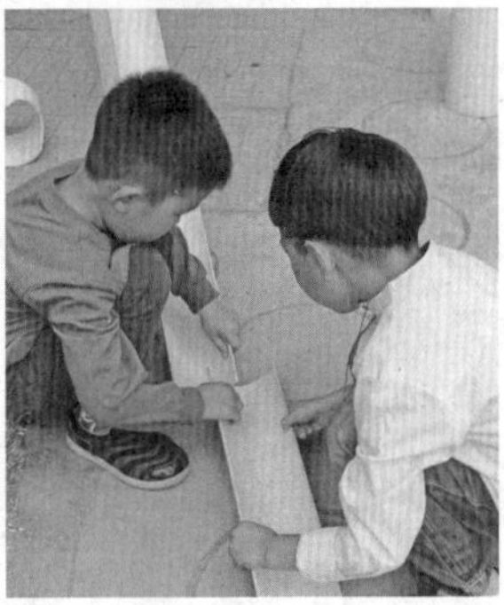

2. 竹槽

竹子是园内的生态自然资源之一。幼儿在探究中发现竹子是空心的，于是他们在成人的帮助下用工具把竹子剖成两半，制成竹槽。同时，幼儿搜集树枝制作支架，合作探究竹水槽的坡度大小、支架间距、引水路线等问题，感受用竹槽引水的乐趣。

3. 水管

塑料软管、排水管都是必不可少的引水材料，大小不同、种类不一的水管在水利工程劳动中有着重要的作用。幼儿尝试连接废旧水管，使其变成长管道，引水浇灌距离水源较远的植物；尝试组装塑料水管并给其打洞，用来滴灌菜园。他们在多样化的尝试中感受不同浇灌方式的作用与趣味。

4. 塑料水瓶

塑料水瓶也是生活中常见并易于搜集的材料，具有透明、柔软的特性，便于幼儿探索和改造。通常幼儿在水利工程劳动中用塑料水瓶来制作引水支架、连接器，还用塑料瓶自制花洒等。

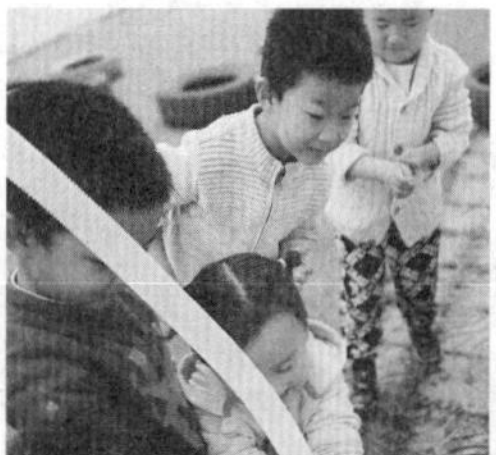

5. 水箱

雨水是可回收利用的天然水资源，将雨水收集起来用于浇灌小菜园是非常好的做法。在“雨水收集器”工程劳动中，幼儿发现塑料水箱质量轻、容量大，方便搬运，适合用来收集雨水。于是，他们给塑料水箱连接上管道，再装上开关阀门以控制水流大小，成功利用天然雨水资源来浇灌菜地。

（二）水利工程劳动的辅助工具

1. 挖掘工具

劳动工具的使用给幼儿开展工程劳动带来诸多便利，幼儿在使用工具的过程中，不仅锻炼了动作的协调性和灵敏性，还提升了自我服务的意识和能力。幼儿在水利工程劳动中会用到一些常见的挖掘工具，如铲子、钉耙、锄头等，他们还制定了相应的安全使用工具的规则。

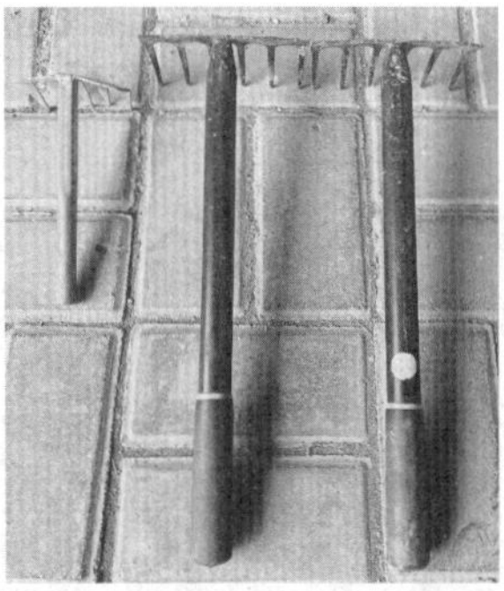

2. 测量工具

米尺、卷尺等标准测量工具经常被幼儿用于测量水渠的长度、宽度、深度等。除此之外，幼儿还会搜集常用的材料，如麻绳、毛根、积木等，作为非标准的测量工具，开展各种测量活动。

3. 切割工具

PVC 管的切割和钻孔工作对于幼儿来说具有一定的难度，幼儿主动请来门卫爷爷帮忙，观察门卫爷爷的操作，学习电锯、自动切割机、钻孔机的安全使用方法。

4. 防护用具

安全帽、棉纱手套是常用的防护用具，有了这些防护用具并正确使用，幼儿就能大胆探索。

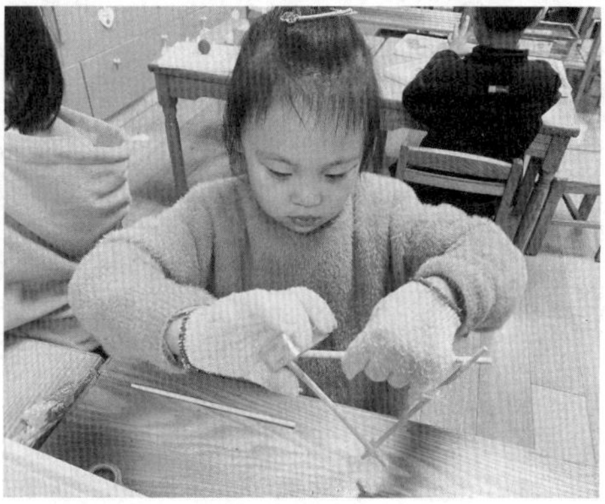

下表整理了我园水利工程劳动所用的主要材料、辅助工具与绘本资源。

水利工程劳动的主要材料、辅助工具与绘本资源

	主要材料	辅助工具	绘本资源
水利工程劳动	PVC管、竹筒、竹竿、铝塑管、木架、木板、塑料水瓶、水管、水箱、水桶、支架	铲子、铁锹、米尺、卷尺、安全帽、雨靴、棉纱手套	《大禹治水》《地下水下》《美丽的长江》《生态河海》《生命之水》《百里长渠的由来》《忙忙碌碌的大运河》

四、交通工程劳动的材料与资源

交通工具是人们社会生活中不可缺少的重要工具，一些小型交通工具已融入幼儿在园的生活，它们不仅成为幼儿游戏的道具，也成为幼儿存、取材料的运输工具，为幼儿的工程劳动提供便利。

（一）交通工程劳动的主要材料

1. 油桶、水桶

油桶和水桶是塑料材质的容器，它们容易收集，轻便，不易破碎，不易渗水，且

能漂浮于水中，是交通工程劳动中常见的基础材料，可操作性强。幼儿可利用此类材料制作各种船，探索沉浮的秘密。

2. 蜂窝纸板、木板

交通工程劳动中，规格不等、结构简单的蜂窝纸板、木板，均可成为首选材料。纸板、木板可随意按所需尺寸切割，满足幼儿的探索需要。

3. 车轮

车轮种类繁多，我园幼儿根据交通工程劳动的需求收集各种类型和大小的车轮，又根据自身能力水平选择便于安装和使用的车轮。

（二）交通工程劳动的辅助工具

1. 加固类材料

用于加固的材料种类繁多，如万能胶、麻绳、钉子、皮筋、捆扎带等，它们的使用方式与牢固程度也不尽相同。幼儿在使用材料时，往往会通过实验、对比等方法来逐步优化加固材料的使用策略。

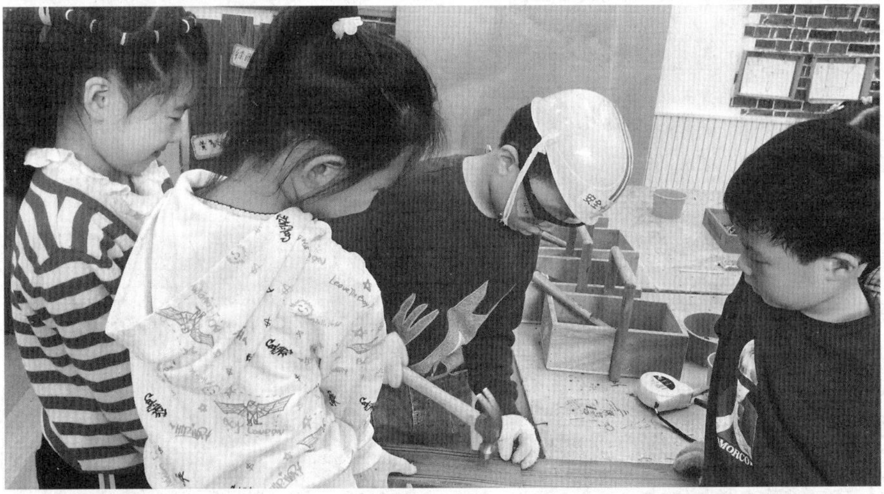

2. 支撑材料

交通工程劳动中的支撑材料使用得较多的是PVC管、竹竿等。它们在材质、长度、直径大小等方面有着不同的属性，也有着不同的用途：竹竿常用于较大型的工程，如“房车”“轮船”等，PVC水管常用于较小型的工程，如“火车收纳篮”“恐龙运被拖车”等。在交通工程劳动中，教师充分支持幼儿对材料进行组合运用，发挥更多创意。

下表为我园交通工程劳动所用的主要材料、辅助工具与绘本资源。

交通工程劳动的主要材料、辅助工具与绘本资源

	主要材料	辅助工具	绘本资源
交通工程劳动	竹子、木板、纸板、纸筒、车轮、油桶、大矿泉水瓶	麻绳、尺子、钉子、万能胶、皮筋	《工程车认知绘本》《轱辘轱辘转》《你认识这些车吗》《汽车多多多》《什么汽车来了》

五、其他工程劳动的材料与资源

其他工程劳动主要是指除了建筑工程、木工工程、水利工程、交通工程之外的工程劳动。这类劳动项目，更多地使用一些废旧材料、自然物等。

1. 微型废旧材料

充分利用自然物、废旧材料可以扩展幼儿的学习空间，如：为了帮助幼儿探索栅栏的围法，师幼创设了“栅栏微景观”制作坊，这里投放了幼儿收集的各类微型废旧材料，如吸管、冰棒棍、细树枝、毛根、麻绳等。

2. 自然物

树叶、树木、石头、泥土等自然物经常被用于工程劳动，例如：堆肥箱完成后，幼儿收集各类落叶装进堆肥箱中沤肥；快毕业的大班幼儿统计校园里树木的种类后，发现园内缺少柿子树和樱桃树，于是购买了这两种树苗，然后选址、挖坑、栽种，为幼儿园献上了特别的毕业礼物。

3. PVC 膜

PVC 膜在工程劳动中的投入使用，源于幼儿对塑料袋特性的感知——同样是防水材料，它更为结实耐用。例如：春天，为了保护草地，幼儿利用彩色 PVC 膜制作草地围栏，赋予材料新的功能和作用；冬天，幼儿发现天气寒冷，决定给草莓苗搭建暖棚，他们采用便于观察草莓苗生长情况的透明 PVC 膜，并用颜料进行装饰，为草莓苗设计出漂亮的“保暖衣”。

第三节
工程劳动课程的人力资源

一、家长资源

为了让家长在工程劳动课程中发挥更大的作用，需要进行有效的家园沟通。在课程开始前，教师通过家长会介绍即将开展的工程劳动内容，吸纳部分家长参与课程审议。家长与教师多次沟通后，增进了对工程劳动的认识和理解，这有助于家庭、幼儿园形成共识，从而使工程劳动课程在实施过程中获得更多的家长支持。

（一）家长的经验支持

教师根据活动的需要发放亲子调查表，为家长和幼儿提供交流的平台，帮助幼儿积累与工程劳动相关的经验。如：建筑工程劳动中对材料开展调查、木工工程劳动中对书架开展调查、其他工程劳动中对晾衣架和收纳篮开展调查等。亲子调查表的发放，促进了对家长资源的有效利用。

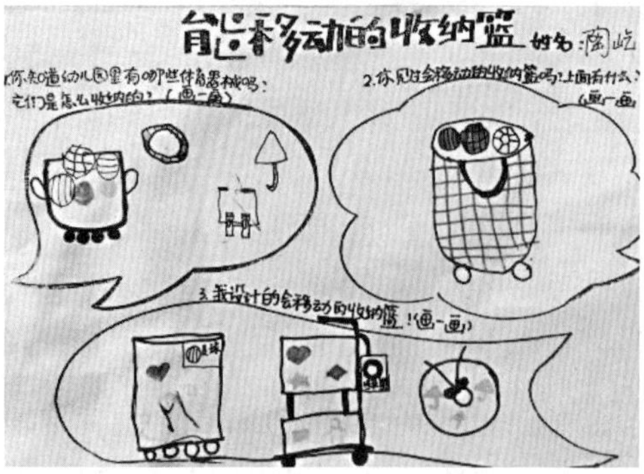

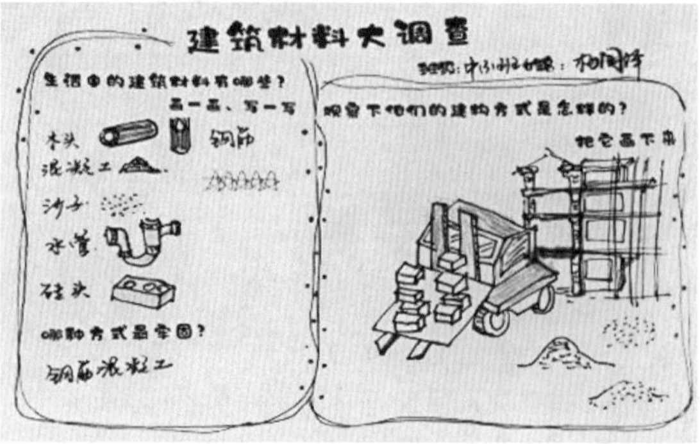

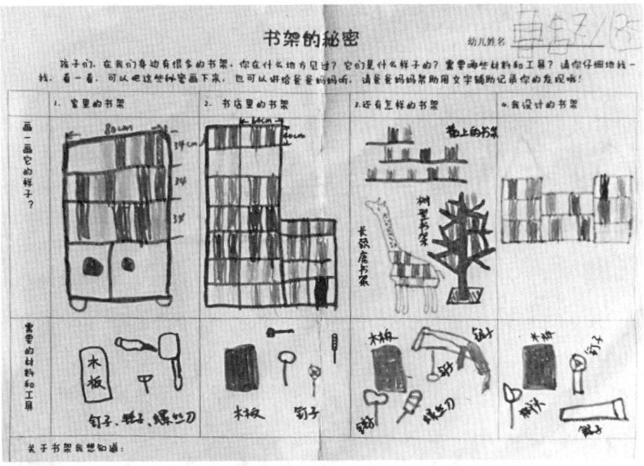

工程劳动进行过程中，教师经常引导幼儿通过制作模型来解决后期实施中的难点问题，模型制作工作也延续到家园活动中，如亲子制作木桥模型、书架模型等。从收集材料到设计构思、制作完善，是一个既动手又动脑的过程。在家长经验的支持下，幼儿能针对问题设计简单的图纸，并尝试执行自己的设计方案，同时加强了与家长的合作和交流。工程劳动的开展使亲子关系变得更为密切。

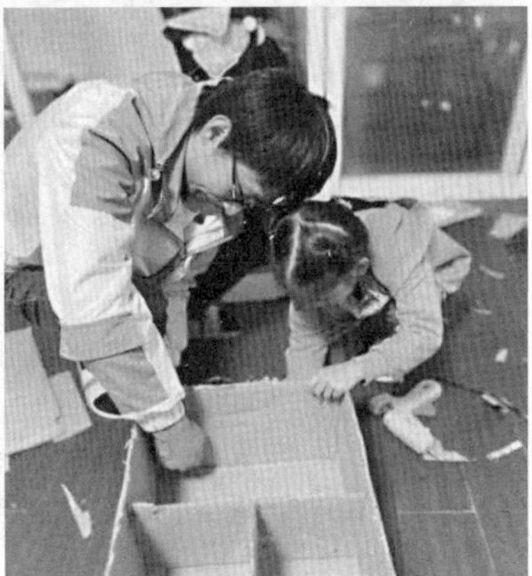

（二）家长的技术支持

工程劳动实施过程中会遇到很多困难：幼儿使用工具的经验较少、周围高高的绿植阻碍幼儿进入活动场地、幼儿力量有限导致工程进展缓慢等。在解决这些问题的过程中，家长同样提供了大量技术支持。例如：家长协助幼儿挖掘土质较硬的泥地、拔除限制幼儿进入场地的灌木丛等。此外，拥有专业技能的家长还会来园当家长助教，讲解、演示工具使用方法，参与设计、修改图纸，切割、打磨尺寸合适的木板，讲解关于树木的知识等。家长资源对工程劳动的推进起到关键性的技术支持作用。

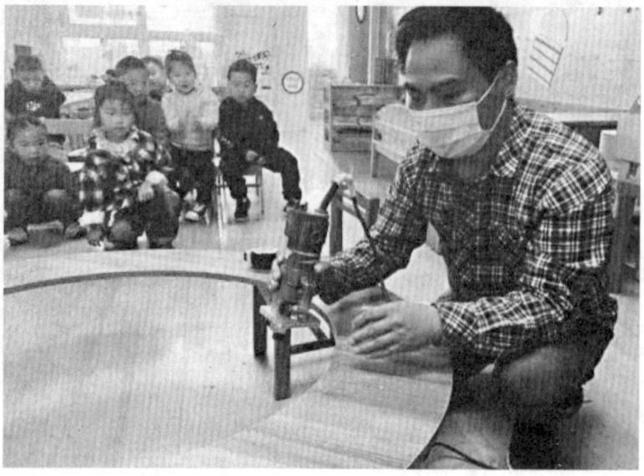

二、专业人士资源

专业人士在工程劳动中为幼儿提供专业的技术支持和帮助，拓展了工程劳动的内容和形式，为活动开展提供保障。如：挖泥坑的过程中，教师和幼儿邀请燃气公司的专业人员来园讲解燃气管道的位置和走向，探讨泥坑的合适位置、与燃气管道之间的安全距离等。

泥坑挖掘过程中，幼儿在亲身探究后，对于砖块如何摆放更稳固，水泥、黄沙、水的比例怎样更合适，砌砖的科学步骤等，都有了自己的想法，也产生了新的疑问，于是工程师叔叔受邀来园，和幼儿一起参与劳动。

三、教工资源

工程劳动的参与者不限于幼儿、家长、专业技术人士，还包括幼儿园广大教职工。我园教职工运用自身的技能、特长为工程劳动课程提供了有效支持。

1. 保健医生

幼儿园的保健医生为部分工程劳动项目提供专业的医护知识支撑。如：在建造竹林鸡舍的劳动中，保健医生接受了幼儿关于“幼儿园适合饲养哪些动物？如何预防动物生病？”的调查访问。通过倾听保健医生的专业讲解，幼儿判断并罗列出适合在竹林中饲养的小动物。

2. 门卫爷爷

在工程劳动中，门卫爷爷很受幼儿欢迎，因为门卫爷爷拥有各种各样的工具并熟悉它们的使用方法。当幼儿在活动中遇到困难，经常邀请门卫爷爷跟他们一起商量，和他们共同解决问题。

第三章

工程劳动课程的内容选择

在判断、选择适宜的工程劳动内容时，需要教师具备相关的工程劳动教育理念。

幼儿园工程劳动教育是一种以幼儿为主体的活动，它符合幼儿身心发展规律，支持幼儿在真实的劳动场域中建构劳动经验，重在幼儿的亲身参与和实践，强调幼儿动手动脑能力的发展，关注对幼儿劳动品质的涵养，是培养未来人才、指向多领域素养的综合性学习，是富有创造性、“充满儿童味”的劳动，能促进幼儿德智体美劳全面发展。

幼儿绘画表征：滑轮轨道

第一节
工程劳动课程内容的选择依据

选择幼儿园工程劳动课程内容时，应以幼儿的生活为基础，以幼儿面临的真实问题为切入点，引导幼儿在问题中观察、体验、探索、发现，并进行自我建构，凸显课程中幼儿的主体地位，关注幼儿在工程劳动中经验认知的建构、创新思维的提升。我园在选择适宜的工程劳动课程内容时，通常先思考下列几个问题：

- 与幼儿的日常生活有关吗？
- 能解决幼儿生活中的真实问题吗？
- 有机会让幼儿从失败中学习吗？有没有引导幼儿反复设计、制造？
- 幼儿能获得并充分利用课程资源吗？
- 幼儿能参与这项工程劳动的决策吗？有发言权、选择权吗？
- 幼儿能利用简单的工具开展这项工程劳动吗？

一、应与幼儿的日常生活有关

幼儿身心发展的特点决定了幼儿的劳动具有生活性，幼儿的日常生活也为工程劳动课程提供了丰富的内容。教师要善于从幼儿的生活中发现符合幼儿年龄特点、与幼儿生活经验相贴近、便于幼儿理解和参与的课程内容。因此，在选择课程内容时，应关注生活性、适宜性、游戏性及参与性，应融合幼儿当下的生活，尊重并理解幼儿的想法和感受，使幼儿的生活与工程劳动课程相互渗透，促进幼儿的生命成长。

案例片段：制造恐龙运被拖车

疫情防控期间，家长不能入园，运送被子成了大问题。这个任务看上去幼儿并不能胜任，但当教师采访他们时，却发现他们很喜欢运送被子，虽然这项工作让他们满头大汗，但他们感觉自己就像巨人一样厉害。在劳动中，幼儿发现了很多关于运被子的问题，同时也提出可以制造一辆运被拖车，帮助小朋友运被子。经过几轮调整，幼儿设计并制造出一辆有着毛茸茸的把手、蜜蜂保护色、恐龙造型的运被拖车，它还可以折叠，方便大家搬运被子。真实产品与设计图之间的匹配度达到99%！该活动充分显示了工程劳动中教师对幼儿想法的尊重，彰显了幼儿的智慧。

二、应能解决幼儿生活中的真实问题

由于幼儿好奇、好问、爱探索，在工程劳动实践过程中会引发很多真实的问题，幼儿的真实问题既包括幼儿真正遇到或发现的实际问题，也包括能够促进幼儿探究、推动幼儿发展的问题。对幼儿而言，问题往往是探究的起点，真问题才会引发真发现、真探究、真学习。因此，教师应当关注幼儿活动中遇到的真实问题，有问题导向的工程劳动更贴近幼儿的需求。教师还要积极回应幼儿的问题，并用适宜的方式引导幼儿开展进一步的探究和学习。

案例片段：小拖把诞生记

幼儿在日常生活中经常会遇到牛奶泼了、东西掉了等小事，教师关注幼儿生活中的真实问题，生发了“自制小拖把”工程劳动课程。在小拖把制作过程中，幼儿发现了很多问题：拖把太长太大，怎么办？什么样的布最吸水，最适合做拖把？怎样裁剪出长短相同的布条？如何将木棒和布条进行捆绑？这一系列思考，反映了幼儿勇于面对挑战，思考并解决真实问题的过程。

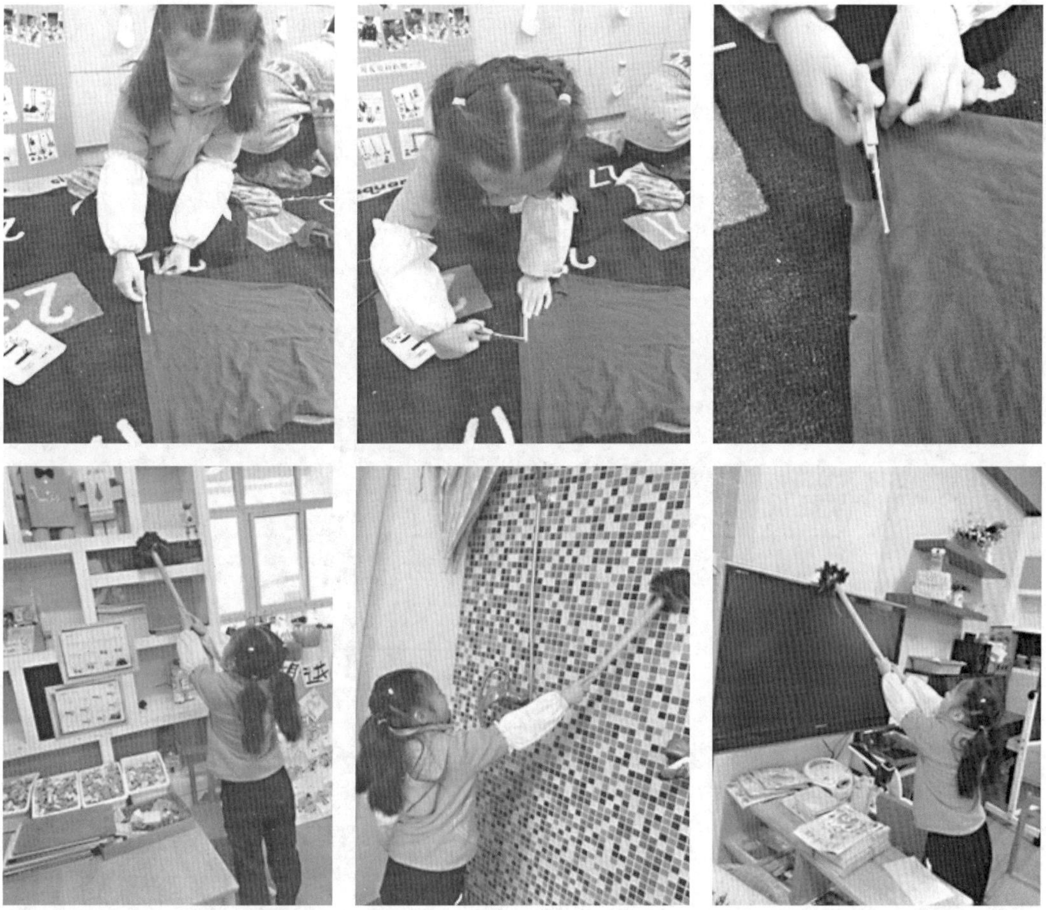

三、应有机会让幼儿从失败中学习

工程劳动课程实施过程中，教师着力提炼有价值的真实问题，把做事、思考的权利留给幼儿。幼儿在劳动过程中会遇到一个又一个问题，会经历许多次失败，教师应允许幼儿试错，并为幼儿提供充分的探索时间、丰富的材料，营造宽松的氛围，鼓励幼儿调动多方面的知识和经验，反复设计、改进产品，从失败体验中不断获得新经验，最终解决问题。每一个问题的解决，都是幼儿经验得以生长的一个节点。幼儿在不断试错的过程中，反思总结，积累经验，通过自己的努力达成目标，获得成功体验和成就感，这种体验会激发幼儿下一次参加工程劳动的兴趣，也有利于他们养成不怕困难、坚持努力和积极探索的优秀品质。

案例片段：菜园引水工程

幼儿园的小菜园里，孩子们想用一种更加方便、有趣的方式给蔬菜浇水。经过前期的地形考察和信息搜集，大家决定采用引水的方式进行浇灌。他们一一尝试

PVC管、竹槽、塑料瓶等材料，但都遭遇了失败：管子连接处漏水、支架难以固定、分流困难……教师给予孩子们充足的时间和材料让他们进一步探索，孩子们总结经验，通过讨论与交流不断改进方法：以透明塑料膜为主材料，反复测试、调整洞洞的大小与间距、支架的稳固方式，最终做成轻便的引水装置，实现了引水浇灌菜园的想法。在整个引水工程劳动中，教师为孩子们提供反复设计、尝试与改进的支持和帮助，孩子们在失败中学习、反思、评价，在思维碰撞中，学习品质得到提升。

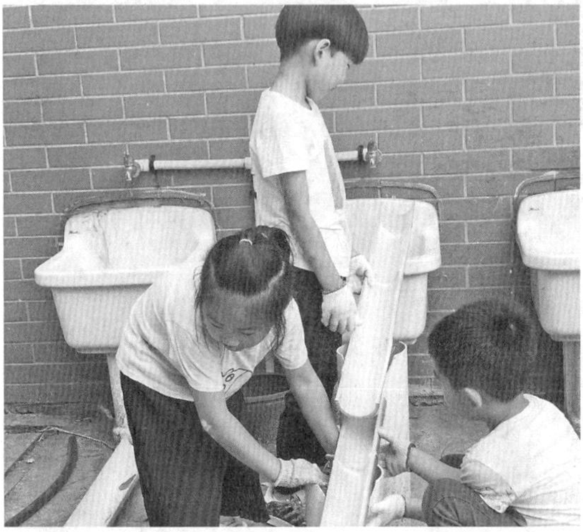

四、应能获得充足的课程资源支持

大量的课程资源来源于生活，资源支持着幼儿学习活动的发生与发展。园内、园外许多资源都具有教育价值，能引发幼儿的学习活动，教师应善于引导幼儿发现资源、用好资源。在工程劳动中，具备资源意识对于教师和幼儿来说都非常重要。活动过程中，教师应密切观察幼儿的探索和发现，判断幼儿在活动中的真实问题，有效地整合、利用资源，因为对课程资源的充分利用是活动开展的线索，也是幼儿经验发展的保障。教师应注重对课程资源的深度挖掘，为幼儿的学习提供适宜的、多样化的资源支撑，使资源真正成为幼儿多样化经验的来源，也就是说，师幼应共同成为课程资源的规划者、挖掘者、利用者。

案例片段：挖泥坑

“挖泥坑”工程劳动中，教师和幼儿对“天然气标志桩”“工程师叔叔”等不同的课程资源进行充分有效的挖掘，形成了鲜活的探究内容。

实地勘察时，幼儿无意中发现了场地上的天然气标志桩。经过细致观察，他们发现标志桩上刻着“危险”“TEL962008”字样。小组讨论后，他们猜测数字可能是电话号码。教师及时注意到幼儿的兴趣点及问题，师幼围绕天然气标志桩共同讨论、梳理打电话的基本要素，让幼儿尝试跟专业人员联系，请工程师叔叔走进幼儿园，为下一步安全挖泥坑做准备。

工程师叔叔来到场地勘察后告知幼儿：“挖掘场地离标志桩起码要预留 1.5 米的安全距离，且泥坑深度不可超过 30 厘米。”随后，工程师叔叔进班和幼儿讨论相关注意事项。

这个案例中，教师敏感地捕捉到可以利用的课程资源，并和幼儿一起对资源进行挖掘，如天然气的相关知识、长度的概念、挖掘的安全性等问题，实现了对课程资源的有效开发与利用。

工程劳动中，教师需要细致地进行观察，提供机会让幼儿探索、使用简单的工具。这是幼儿喜欢参加工程劳动的原因之一。工具的加入能让幼儿真正投入活动，创造多种学习的可能性。在活动场地的合适位置，教师可以布置工具架，展示多种具有不同功能的工具，如铁锹、铁铲、榔头、刮泥板、滑板车、三轮车等，供幼儿根据需要使用。同时，教师要善于观察幼儿使用工具的行为，师幼共同讨论、梳理不同工具的特性，形成《工具使用手册》，帮助幼儿逐渐熟练掌握简单工具正确、安全的使用方法。

案例片段：运砖工具哪种强

孩子们建造房屋，需要搬运砖块。徒手来回搬了几趟后，大家累得精疲力尽。有孩子提议：“幼儿园有滑板车，试试看。”孩子们尝试后仍不满意：“滑板车运送起来不方便。”老师引导大家：“除了滑板车，还有什么工具可以搬砖？”孩子们想到小推车、独轮车、三轮车等不同的运输工具，立刻分组尝试。尝试结束后，师幼讨论，选出了最方便的运砖工具——小三轮车，因为它既省力又搬得多。通过尝试、体验、辨别，孩子们找到了最适宜、最得力的运砖工具，感受到工具为劳动带来的便利。

五、应能支持幼儿参与决策

幼儿在工程劳动课程实施过程中处于主体地位，教师要重视引导幼儿参与对工程劳动的决策，幼儿的决策权包括在活动中的发言权和选择权。幼儿可以和教师共同选择与决定工程劳动什么时候开始、什么时候结束，计划做什么劳动内容，和谁一起做，需要使用什么材料，用多长时间完成，等等。如果工程劳动活动中幼儿所从事的活动是他们自己选择的，那么他们就会表现出浓厚的兴趣，在主动学习、积极探索的同时，获得高质量的学习体验。

案例片段：建造月亮湾池塘

在工程劳动“建造月亮湾池塘”中，教师打破以往固有的工程劳动计划形式，尝试让幼儿参与工程劳动的决策，让幼儿真正成为工程劳动的小主人。活动前，教师先和幼儿一起回忆计划单，明确各自的任务，再带上池塘设计稿，向着共同的目标出发。工程活动结束后，幼儿结合自己的劳动，围绕工程计划单发言交流。搬砖组的小朋友对自己组任务的完成情况非常满意，他们决定用“√”来表示；浇水组的小朋友觉得自己组没有完成今天的任务，经过商议，决定用“△”表示；挖掘组的小朋友遇到了有待解决的问题，决定用“？”表示。大家根据工程劳动任务完成情况，用自己的方式做记录，对自己的计划及实践成效进行自我评价。

在施工一周后，大家发现池塘的变化并不明显。师幼共同寻找原因，探寻提高劳动效率的好办法，孩子们商量出一些方法，如记录池塘尺寸数据、合理分工、形成良性竞争模式等。幼儿对自己承担的工程劳动任务有着决策权和掌控感。

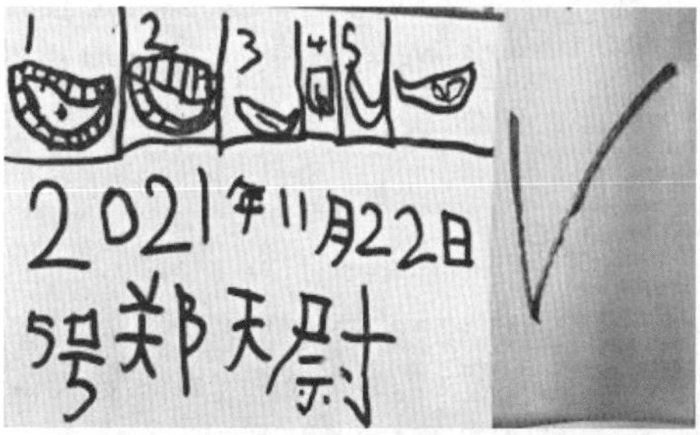

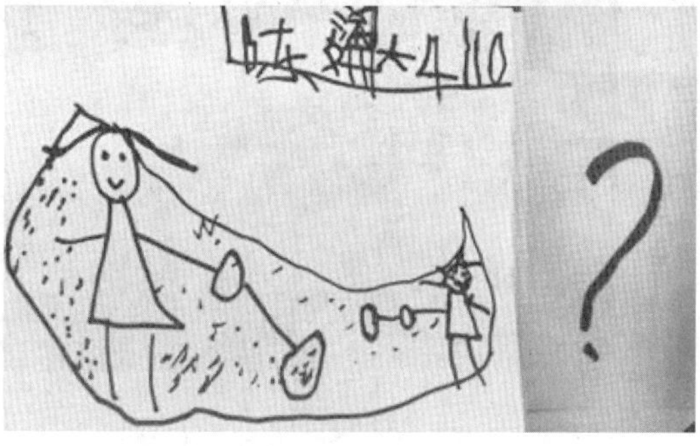

第二节
工程劳动课程内容的四大来源

一、来源于真实的生活事件

幼儿园工程劳动的课程内容很多来源于幼儿的真实生活。幼儿在园的日常生活、所接触的环境、所交往的人，都是最贴近幼儿生活的教育内容，因此，教师必须更新理念，超越传统的课程实践形式，从“规定动作”中解放出来，真正关注幼儿当下的生活，将幼儿一日生活中有价值的事件转化为适合幼儿探究的工程劳动课程内容，通过引导幼儿用眼睛去看、用耳朵去听、用大脑去思考、用双手去探索，帮助幼儿实现生活经验的重塑与再造，让幼儿既拥有充实的生活，又参与适度的挑战，帮助幼儿获得丰富的经验，达到投入、专注、流连忘返的状态，有效促进幼儿身心全面和谐发展。

案例片段：班级图书架

自由活动时间，幼儿喜欢阅读。阅读区原有的书架较小，且不利于收纳，因此幼儿阅读后经常匆忙将书塞进书架，或随意放在柜子里，书本非常杂乱。幼儿提议建造一个便于收纳的图书架，放在阅读区，这样便于整理图书，于是，建造图书架的工程劳动就生发了。经过调查、设计、制作、调整，最终师幼共同制造出多功能班级图书架。

幼儿园来源于真实生活事件的工程劳动课程内容举例

类别	年龄段	真实的生活事件	工程劳动内容
建筑工程	大班	幼儿园有水池、沙池，幼儿想挖一个泥坑来玩泥。	挖泥坑
	大班	幼儿即将毕业，决定给幼儿园种下几棵毕业树，留作纪念。	种植毕业树
木工工程	中班	娃娃家缺少椅子，幼儿尝试为娃娃制作小椅子。	小椅子
	大班	阅读区的书架太小，幼儿想造一个多功能的图书架。	班级图书架
	大班	户外活动休息时，椅子不够，幼儿提议制作长椅，供同伴休息。	公园长椅
水利工程	中班	幼儿尝试用更加方便、有趣的方式将水引到种植园地。	菜园引水
交通工程	中班	受疫情影响，幼儿需独立运送被子，因此萌生了制作运被拖车的想法。	恐龙运被拖车
	大班	体育活动时，幼儿脱下的衣物堆放得很杂乱，于是他们想做一个便于收纳衣物的移动挂衣架。	可移动晾衣架
其他工程	中班	雨天，幼儿带来的雨伞无处安放，于是他们决定做一个“雨伞的家”。	雨伞收集架
	大班	玩沙活动时换鞋不方便，幼儿决定在沙池旁做一个雨鞋架。	玩沙池雨鞋架

二、来源于幼儿的游戏需要

因满足幼儿游戏需要而生成的工程劳动课程内容主要有两种：一是从幼儿的游戏兴趣出发，根据游戏需求生成的内容。如：幼儿在水池边玩游戏时，发现玩水的玩具不多，而且不能到水池中间去玩水，因此，他们商量要用矿泉水瓶、油壶等建造一艘可以浮在水面上的大船，这样就可以坐船到水池中间游戏了，由此生成了“建造漂浮船”工程劳动课程内容。二是在工程劳动进行过程中，幼儿结合生活经验，巧用工程材料，主动创设游戏情境，使劳动的过程和游戏融合在一起。如：建造房屋的过程中，需要搬运砖块。幼儿搬运砖块时，自发创设“快递员”游戏情境。“您好，这是您的快递。”一名幼儿一边传递砖块一边对同伴说。“小心一点，当心快递打碎了。”另一名幼儿边放砖块边提醒旁边的同伴。具有生命力的工程劳动课程就是体现游戏性的活动，课程的内容不是预先设定的，更不是单一的知识传输，而是在活动中逐步建构起来的、生动开放的多元化表达。

案例片段：建造漂浮船

在水池玩游戏时，幼儿不满足于使用原有的玩水工具，他们想要一艘能够驶到水池中央去玩耍的大船。他们结合自身的游戏需求，开始设想建造漂浮船，这艘船要拥有可浮在水面上的船身、飘动的船帆、高高的船舱、安全的围栏。通过自己设计、建模、测试、调整、再尝试，幼儿将自己心中的“梦想号漂浮船”变为现实。幼儿全身心地投入，在讨论与合作中发现问题、解决问题，这样的探究过程带给他们特有的探究体验，让他们实现了“全收获”。

交通工程劳动“漂浮船”

案例片段：建造泥巴乐园

建造泥巴乐园的过程中，合作搬砖是常见的劳动任务，看上去枯燥乏味的搬砖行为，幼儿做起来却非常有趣。他们迁移生活经验，把搬砖活动创设为搬运“快递”的游戏情境，将一块块砖当作“快递件”，还为“快递件”添加了数字编码，采用流水线合作搬运的形式，为砖块的运输添加了游戏性、趣味性。幼儿的劳动就是游戏，在此过程中，同伴互动，合作学习，游戏与劳动相互融合、相互支撑，进一步激发了幼儿参与工程劳动的兴趣，使幼儿与材料在游戏情境中充分互动。

幼儿园来源于满足幼儿游戏需要的工程劳动课程内容举例

类别	年龄段	幼儿的游戏需要	工程劳动内容
建筑工程	大班	幼儿想利用泥地玩跳泥坑的游戏，便萌生了挖一个大泥坑的想法。	挖泥坑
	大班	户外游戏需要土灶台，幼儿想建造土灶台。	土灶台
木工工程	大班	户外活动中，幼儿想要造一个可移动的游戏房。	彩虹游戏房
	大班	幼儿想要造一间户外木屋，把游戏活动移到大自然中去。	户外帐篷木屋
交通工程	中班	幼儿想到水池中间玩耍，萌生了建造一艘船的想法。	漂浮船
	中班	幼儿在区域活动中产生了建造“自助洗车房”的想法。	自助洗车房
水利工程	中班	玩水池旁缺少一些玩水材料和工具，建造一个大水车是个好主意。	玩水池里的大水车
其他工程	中班	玩沙是幼儿最喜欢的活动之一，他们想自制一些网筛玩具用来玩沙。	网筛玩具

三、从主题活动中拓展生成

幼儿园日常的课程，很大程度上是围绕幼儿的年龄特点、特殊事件、季节、节气等，以主题活动的方式展开的。在主题活动实施过程中，也会拓展出适宜的工程劳动内容。如：为幼小衔接做准备的“我要上小学了”主题中，有一个活动是“整理小能手”。幼儿在参与整理活动时，发现成人使用的拖把并不适合自己使用，因此萌发了设计、制作一种适合自己使用的小拖把的想法，由此生发了“小拖把诞生记”工程劳动内容。工程劳动的内容，是在深度观察幼儿的基础上，充分尊重幼儿的意愿、劳动兴趣和生活需求而选择的。在主题实施过程中，教师始终追随幼儿，关注幼儿的兴趣和需要，支持幼儿的探索行为，最大限度地挖掘和利用身边有价值的课程资源，拓展幼儿的生活和学习空间。

案例片段：自制摘果器

中班“丰收的果实”主题活动中，幼儿看到桃树果实累累，都想要摘到桃子，可是不管他们怎么努力都够不到桃子，由此生发了“自制摘果器”工程劳动内容。面对生活中的真实问题，幼儿积极动脑，通过“头脑风暴”、创意设计、工程制作、分享改进、拓展应用等步骤，融合多学科知识、技能，反复尝试，让摘果器“够得着、摘得下、耐操作”，并使其不断迭代升级。活动中，幼儿整合经验，不断探索，慢慢积累了丰富的操作经验，制作出“一代”“二代”“三代”摘果器，也学会了利用生活中的材料解决常见问题。

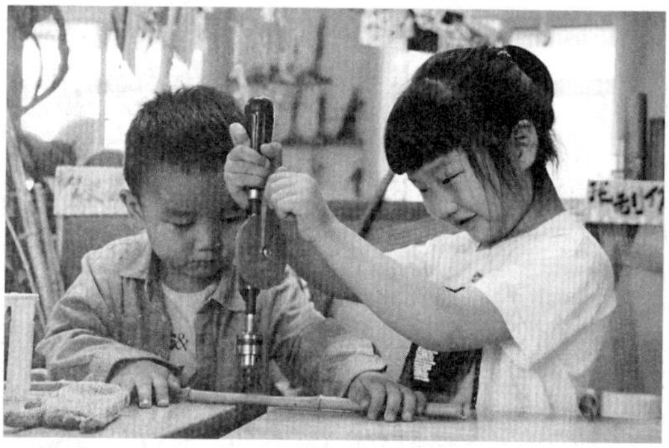

案例片段：兔子之家

幼儿与生俱来就和动物有着天然的联系，他们喜欢动物，对千姿百态的动物世界充满了好奇心与探索的兴趣。在大班“动物之家”主题背景下，幼儿在自然角饲养小兔子，萌生了要为小兔子建造房子的想法。在“兔子之家”建造过程中，幼儿通过收集信息、迁移经验、探究验证以及合作实践等方式，共同解决问题，积累了多种有益的经验，提升了解决问题的能力。

其他工程劳动“兔子之家”

幼儿园从主题活动拓展出来的工程劳动课程内容举例

类别	年龄段	主题活动	工程劳动内容
其他工程	中班	主题活动“丰收的果实”	自制摘果器
	中班	主题活动“美丽的春天”	“封草行动”
	中班	主题活动“春天的花”	自制花洒
	大班	主题活动“成为小学生”	兔子之家
土木工程	中班	主题活动“交通工具”	运球车
	大班	主题活动“民间游戏”	皮影戏小舞台
	大班	主题活动“我爱我家”	我家的柜子

四、由改造自然资源而生发

自我园工程劳动课程实施以来，幼儿园的种植园地、泥地、草地、沙池、水池等场域都成为幼儿开展劳动的实践基地。在工程劳动课程环境优化改造的过程中，幼儿园户外的环境逐渐从单一展示性环境发展为互动探究式环境，构建出自然和谐、开放多元、共创互生、深度支持的开放式资源体系。走进幼儿园，随处可见许多由幼儿参与实施的“大工程”——为了浇水更方便，幼儿在种植园地实施管道引水工程；为了停放小车更有序，幼儿尝试在幼儿园一角建造户外停车场；为了保护种植园地的植物，幼儿建造菜园栅栏；为了改造小路，幼儿自己铺“感官小路”……

以上种种，都不是在建构区用积木搭出来的游戏场景，也不只停留在设计图纸上，而是幼儿用自己的行动参与幼儿园环境改造的结果，最终又服务于幼儿的生活。

案例片段：感官小路

幼儿园北面有一片小竹林，幼儿想在这里铺设一条有趣的小路，方便他们从种植园地去玩泥池玩耍。幼儿计划用鹅卵石和树桩打造“感官小路”。施工过程中，他们发现幼儿园内有树枝、PVC管等材料，便提出可以增加更多的造路材料。和瓦匠爷爷沟通后，幼儿的想法得到了支持。最终，幼儿用树桩、树枝、防腐木、砖头、地砖、鹅卵石、碎石粒、PVC管等多种自然材料铺设出了一条独具特色的“感官小路”。餐后散步时，幼儿总喜欢来这里跨一跨、跳一跳、走一走。

建筑工程劳动“感官小路”

幼儿园由改造自然资源而生发的工程劳动课程内容举例

类别	年龄段	改造幼儿园的自然资源	工程劳动内容
建筑工程	中班	幼儿想在种植园地造一个与众不同的“秘密花园”。	秘密花园
	中班	幼儿在小竹林中用多种自然材料铺设独具特色的“感官小路”。	感官小路
	大班	玩泥时，幼儿提议增加一个玩泥巴的桌子，便于活动中操作。	玩泥桌
	大班	在玩泥池旁边增加一个清洗池，便于玩泥后做清理。	泥巴清洗池
	大班	在挖泥坑活动的基础之上，幼儿开始“第二代泥坑”改造工程。	建造玩泥池
木工工程	大班	为放养在竹林中的小鸡小鸭盖房子。	竹林鸡舍
	大班	幼儿在种植园地劳动时发现拿取工具不方便，想做一个工具架。	种植园地工具架

续表

类别	年龄段	改造幼儿园的自然资源	工程劳动内容
交通工程	中班	用于搬运砖块的运输车停放杂乱，幼儿提议可以在工地旁建个停车场。	建造停车场
	大班	种植园地内一条小沟挡住了去路，幼儿认为在这里建造小桥很合适。	建造小木桥
其他工程	中班	为防止大家踩踏种植园中的植物，幼儿计划给种植园地围上栅栏。	种植园地栅栏
	中班	种植园地需要植物保暖衣，以保护植物。	植物保暖衣
	中班	在种植园地的一角做个落叶箱，可用于堆肥。	落叶收集箱
	大班	夏天，要在户外建造遮阳棚，便于大家休息。	户外遮阳棚

建筑工程劳动“建造玩泥池”

建筑工程劳动“停车场”

建筑工程劳动“建造小木桥”

建筑工程劳动“泥巴操作台”

木工工程劳动“置物架”

［附 1］案例：挖泥坑的故事①

（一）内容来源

“感受大地之美的人，能从中获得生命的力量，直至一生。”40 多年前，蕾切尔·卡逊的话语尚在耳边萦绕，而时至今日，“自然缺失征”却已威胁到 21 世纪的幼儿。于是，当大 2 班的幼儿提出“我们想挖个大泥坑，在里面玩水、寻宝、种花……”时，教师决定与这些“自然之子”们踏上返璞归真的旅途。

（二）前期思考

什么才是自然？“挖泥坑”作为幼儿与自然互动的活动应在哪里开展？我们思

① 此案例在 2020 年度无锡市幼儿园“在自然中学习”案例比赛中荣获一等奖。

考着。我们需要更好地为“自然”下定义。幼儿园内的花、鸟、草、虫，抑或菜园一隅，都是幼儿触手可及的自然。我们努力帮助幼儿自由自主地调动各种感官体验完整而鲜活的自然。以下是对该活动的价值判断和支持策略的前期思考，以及课程框架图。

“挖泥坑”工程劳动的价值判断

教师的思考	判断
为何决定开展“挖泥坑”活动？	幼儿需要在大自然中发展感觉器官的能力水平，培养学习力和创造力。
	幼儿应通过自身的行为获得直接的体验，而不是旁观。
	教师愿意助力幼儿融入自然，进行经验积累。
“挖泥坑”活动的走向由谁决定？	教师、幼儿都不是活动唯一的决策者，应是师幼一起在自然中学习、交流、分享，共同影响活动的走向。

教师还预设了活动的整体脉络框架。①

其中，数学领域中关于测量的核心经验贯穿活动的始末。为何认定测量是核心经验之一？依据有三点：

1. 聚焦性：通过讨论与判断，我们认为本活动会涉及“长度测量”与“重量测量”，两者之间，长度测量占比较大，重量测量相对较少，因此教师的观察也应有所侧重。

2. 连贯性：核心经验之间的联系有纵向的、横向的。从活动初期幼儿探究挖泥坑的安全区域开始，他们已有的测量经验就会被逐渐调动起来，并在前期经验的基础上学习更高层次的测量方法，这是经验的纵向联系。而理解测量方法的关键，必须依靠语言能力与数学思维的交互作用，这两者并非独立，此外，幼儿还会同时接触到社会、健康等领域的核心经验，这都是经验之间的横向联系。

3. 适应性：量的概念在幼儿身边随处存在，当幼儿对事物从好奇转向探究、对比时，他们就会产生越来越多的对测量经验的需求。因此，推动幼儿掌握更多的测量经验势在必行。

幼儿应掌握的关于测量的核心经验也有三点：

1. 无论是单个物体还是多个物体，都可以根据多种属性对其进行测量。

2. 所有的测量都涉及“公平”的比较。

3. 定量测量有助于更加精确地描述和比较。

在确定了这些课程理念后，我们开始进行“挖泥坑”活动。

---

① “挖泥坑”课程框架图见本书第一章第二节“工程劳动教育实践路径”中的“工程劳动课程的实施策略”部分，其中“和幼儿一起做课程研究计划”就以“挖泥坑”课程框架图为例。

（三）案例呈现

1. 泥坑勘察——间接与直接的测量

在对泥地进行勘察时，孩子们发现了天然气标志桩，并通过水泥柱上的文字推测泥地下存在着危险。随后，他们展开了讨论，并猜测标志桩上的数字是燃气公司的电话号码，于是决定拨打这个号码，与专业人士联系。

果然，当燃气公司的工程师来到现场勘查后，给了孩子们一条重要信息："挖掘场地与标志桩之间，起码要预留 1.5 米的安全距离，而且泥坑深度不能超过 30 厘米。"听工程师叔叔讲解相关注意事项后，孩子们开展了以下测量活动：

（1）看看 1.5 米有多长

孩子们对"1.5 米到底有多长"展开了讨论。有的说"1.5 米"就是和房子一样高，有的说"1.5 米"就是和手臂那么长。最后，大家将老师 1.6 米的身高和欢欢 1.2 米的身高进行对比，很容易地理解了 1.5 米究竟有多长，孩子们对"1.5 米"有了初步概念。

（2）制作测量工具

孩子们对卷尺的使用还相当生疏，那么有其他工具可以作为卷尺的替代物吗？孩子们想到，可以利用班级现有的材料，如绳子，来制作 1.5 米丈量工具。由于孩子们缺乏经验，刚开始截取的绳子长度与 1.5 米误差较大。在经验分享后，大家讨论出更好的方法：前端对齐、拉直比较、准确截取。通过不断尝试，孩子们最终做出了比较准确的测量工具。

（3）设置安全区域

测量挖泥坑安全区域的起点应该在哪里？看到孩子们还是有些犯难，教师给了他们一个提示：标志桩的位置就是起点。那标志桩旁边的位置可以怎么确定呢？孩子们想到，可以在标志桩左右两侧各拉一根绳子，以绳子做起点线，再利用自制的测量工具量出安全区域的范围。很快，大家围出了挖泥坑的安全区域。

【分析与推进】

这原本是一个简单的自然勘察活动，却引发了一系列鲜活的、持续的探究行为。其中，关于测量的核心经验涉及四个重要问题：测量单位“米”的概念、1.5 米的长度概念、精确制作间接测量工具、设置测量起点。相应的教学要点与支持策略如下。

间接测量与直接测量的核心经验

重要问题	核心经验	教学要点	支持策略
怎样理解测量单位“米”？	定量测量有助于更精确地描述和比较。	将抽象的概念转变为形象的物体，帮助幼儿在两者之间建立联系。	观察米尺，初步了解“米”作为测量单位的意义。
1.5 米有多长？			以身体长度的对比，结合卷尺测量验证，对 1.5 米长度形成初步印象。
如何精确制作间接测量工具？	所有测量都涉及“公平”的比较。	间接测量的表征物也需要一致的长度。	将卷尺长度固定在 1.5 米，幼儿对照该长度制作间接测量工具。
如何设置测量起点？		测量要遵循规则，即使是间接测量也必须有一条同样的起点基准线。	引导幼儿以标志桩为参照物，在其左右各设置一条笔直的起点基准线。

2. 泥坑挖掘——平面单一维度测量

（1）用身体部位的长度或大小比较泥坑的大小

孩子们在挖掘过程中自主分成了两组，分别开展活动。看起来两组互不干涉，却始终较着劲：

一组：“我们挖的坑比较大，已经有我手臂这么长了。”

二组：“我们挖的坑大，我们的已经可以站进去两个人了。”

孩子们纷纷跳进泥坑，用自己的肢体比画着，试图用这样的方式来测量坑的大小。这时，有孩子发现了问题：“用身体测量可不行，有的小朋友胖，有的小朋友瘦，手臂也不一样长。这样不公平。”教师追问：“用身体测量不公平，那怎么测量呢？”孩子们想到可以用尺测量。

（2）用卷尺测量泥坑

在试着用卷尺测量后，孩子们发现用卷尺更方便，但在测量过程中出现了新问题：同一个坑，测量出了不同的结果，有 30 cm、100 cm、15 cm、20 cm……大家

有些困惑：测量的起点在哪里？测量方向朝哪边？究竟谁的测量方法和结果是正确的？孩子们陷入了争执。为了帮助孩子们进一步学习精确测量的方法，我们将测量活动引入了数学区，引导幼儿尝试测量班内各种柜子、椅子等物体的宽度与高度，并画图进行记录。在经过一段时间的练习后，孩子们在测量泥坑的大小时不再一片混乱，而是能合作确定测量的起点、方向，并在纸上画出他们的测量方式，关于测量的争执也就此平息。

【分析与推进】

“不公平”是测量泥坑面积阶段孩子们最常说的一个词语。当幼儿讨论“泥坑应该挖多大”的时候，有关测量的经验就蕴含其中了。从最初用身体进行间接测量，到用卷尺进行科学测量，再发展到有目的、有计划的平面多角度测量，幼儿不断发现关于测量的秘密。这个阶段相应的教学要点与支持策略如下。

平面单一维度测量的核心经验

重要问题	核心经验	教学要点	支持策略
如何比较不规则坑面的大小？	所有的测量都涉及“公平”的比较。	将宽泛、复杂的经验进行拆解，细分为多个小问题，逐步解决。	引导幼儿从以身体为参照物的间接测量转为使用卷尺的精确测量，并推动接下来的活动。
如何测量不规则坑面的大小？	1. 无论是单个物体还是多个物体，都可根据多种属性对其进行测量。 2. 定量测量有助于更精确地描述和比较。	迁移测量平面规则形状的经验。	进行室内规则物体的测量活动并记录，积累精确测量的经验后再进行不规则坑面大小的测量与记录。
如何测量平面规则形状的大小？		寻找测量的起点，确定测量方向，画图记录测量方法并记录结果。	让幼儿在室内寻找可以测量的物体，如柜子、电视机、椅子，对一个平面上的规则形状进行测量与记录。
如何比较平面规则形状的大小？	所有的测量都涉及“公平”的比较。	对比记录结果中的测量方向及测量数据，从中发现测量与对比的复杂性。	在测量完成后，幼儿互相对比测量结果，比如：柜面和椅面哪个大，哪里大，大多少……以此引发幼儿进一步讨论。

3. 泥坑深度——立体的多维度测量

（1）初次测量泥坑深度

经过前期多种测量活动，孩子们充分感受了测量的要素，对于如何测量、如何更合理地描述坑的大小有了自己的想法。孩子们在纸上画出自己小组所挖的坑，并用线条表示出自己想采用的测量方式。有的孩子从中心点出发向四周测量，有的选择对最远两端和最近两端进行测量，有的想测量坑的周长和坑的深度……

（2）合作测量泥坑深度

为测得泥坑的深度，孩子们使用卷尺沿着泥坑边测量。他们将卷尺头放在坑底，用脚踩住，将尺身向上拉，再目测坑边沿的高度。可经过几次尝试之后，他们还是觉得数据不够精确，便放弃了这个方法。眼看他们即将成功的测量工作要无疾而终，在一旁观察的教师立即加入他们的队伍，引导他们互相提出测量方法中存在的问题。经过一阵激烈的讨论，两组孩子合作，改进了测量方案：一人站在泥坑最深处，另一人负责在坑面横向拉出一条基准线；接着在基准线和坑内孩子腿部的交界处做标记；最后测量坑内孩子的脚底到腿部标记处的长度，得出泥坑的深度。这真是一场精彩的合作探索活动！

【分析与推进】

对自然环境中的不规则物进行测量，牵涉“数、量、形”三个维度。深度与长度、宽度不在一个维度，这对幼儿来说属于另一个层次的经验，因此，对他们来说，能够迁移到测量物体深度工作中的经验，大部分来自上个阶段测量物体高度的活动，那就是幼儿在这个阶段的基础经验。本活动中，两个小组成员的操作虽然都不准确，却都有可取之处。教师巧妙地将两组成员召集起来，引发他们讨论、交流、分享各自的经验和方法。在他们发现正确的测量方法之后，教师回到观察者的位置，将接下来的探索权利交还给幼儿。当然，教师在介入活动前需要审慎思考，教师的介入建立在完全掌握幼儿当前的核心经验与发展情况的基础上。

教师基于幼儿不同测量水平的教育与支持策略

教育与支持策略	幼儿测量水平		
	初级水平	中级水平	高级水平
支持幼儿现有水平的策略	利用丈量工具间接测量	对平面单一维度的测量与记录	立体多角度测量并记录
温和的促进经验迁移与能力提升的策略	利用标准工具直接测量	测量泥坑平面的大小并记录	测量泥坑的深度并记录

从本活动中期开始，教师并没有将测量的概念与方法直接教给幼儿，而是运用“五步法”，支持幼儿积极探索、自主建构，引导幼儿在解决问题的过程中不断更新、积累关于测量的持续性经验，动态建构新经验。

与思维发展同步的“五步法”教学过程

思维的五个形态	“五步法”教学过程
疑难的情境	创设“测量泥坑”自然探索情境，引导幼儿连续探究。
确定疑难所在	以情境中的真实问题激发幼儿的思考、探究，如：用身体测量准确吗？用什么测量更准确？同一个坑，测量出的数据为什么不同？怎样描述泥坑的大小更合理？
提出解决问题的假设	从用身体自然测量，到以卷尺为工具进行科学测量，将幼儿已有的经验逐步调动起来，促使他们提出各类测量方案。
逐步推断、论证	协助幼儿分析测量方案的合理性：自然测量法得出的数据是否足够精确？科学测量时，测量起点在哪里？测量方向朝哪边？描述泥坑的大小究竟取谁的结果？
验证假设	将思维的结果运用于实践进行检验：比较泥坑大小时，采用多种记录数据的方式。

4. 案例反思

“挖泥坑”工程劳动历经三个多月，在这个“超长工期”里，教师关注幼儿感兴趣的自然资源，和幼儿共同探索、共同经历，从选址、勘测，到规划、挖掘，幼儿的每一步探究都面临一系列问题。幼儿在自然探究中积累丰富的经验，且经验水平在整个过程中不断推进，阶梯式上升，开启了高品质的深度学习，让这个工程劳动充满智慧与挑战、惊喜与满足。泥坑挖成的那一刻，孩子们兴奋地跳进去，四处飞溅的泥点正是大自然在为他们喝彩！

现在，孩子们不光玩踩泥坑游戏，还自主制定了一系列玩泥坑的计划：挖窑洞、建小桥、捏泥人、掏泥洞、团泥球、贴泥饼、做“蛋糕”、挖水道……幼儿的游戏需求不知不觉中推动着学习的深入，他们建构着自己的经验体系。

纵观整个活动，幼儿在自然环境中经历、体验挖泥坑过程，教师支持幼儿通过动手“做”获得直接经验，通过动脑“想”获得新经验。幼儿在活动中获得的经验犹如一张奇妙的网，网上的任意一点，均以各种方式与其他若干点产生联系，并随着这张网的扩展而不断变化、不断生成——幼儿以“知行合一”的方式完善着他们心中的“自然”。

“挖泥坑”工程劳动中幼儿经验的生长和教师支持策略分析

探究事件	幼儿的经验生长			教师的支持策略
	社会性发展	学习方式	学习品质	
勘察地形	1. 与重要的成人建立联系。 2. 认为自己是有能力的。	1. 清楚地表达自己想要什么。 2. 制定计划并执行。	1. 细心观察并注意到细节。 2. 表现出好奇心。	1. 关注幼儿的生活、需要、兴趣和经验。 2. 教师和幼儿共同决定活动发展的方向。 3. 着眼于幼儿在探究过程中的发现和探究。 4. 活动内容随着活动的进展不断生成，是动态的、关注过程的。
确定安全区域	能够理解和表达自己的想法。	1. 动手动脑寻找问题的答案。 2. 灵活运用技能解决问题。	一遍遍尝试，表现出毅力。	发现生活事件中蕴含的教育价值，关注幼儿可以理解、可以参与、可以有所作为的生活经验。
挖怎样的坑	能在活动中出主意、想办法。	1. 用多种技能向他人分享自己的想法。 2. 根据自己的需要改变材料或空间。 3. 发现生活中的很多问题可以用数学方法来解决。	与同伴协商、合作。	1. 幼儿有这方面的经验吗? 2. 这个经验对该年龄段的幼儿而言适合吗? 3. 用什么方法能使幼儿主动学习、积极投入?
怎么挖坑	活动时能和同伴分工合作，有问题一起克服，遇到困难能够坚持而不轻易求助。	使用更合适的工具解决问题，能制定计划并执行，还能根据实际情况调整。	愿意接受挑战。	1. 提出适宜的问题，支持幼儿改变、组合经验，以解决问题。 2. 提供适宜的材料，运用什么样的材料决定着幼儿将进行什么样的学习。
泥坑有多大	与别人的看法不同时，敢于坚持自己的意见并说出理由。	1. 通过失误进行实践，验证想法。 2. 能用不同的数据表示物体的数量关系。	1. 能够容忍挫折。 2. 表现出学习的动力。	通过 5 个步骤支持幼儿：创设真实的情境，提出促使幼儿思考的问题，调动幼儿已有经验解决问题，帮助幼儿形成解决问题的设想，引导幼儿将结果运用于实践进行检验。

当今的幼儿是 21 世纪的“自然之子”，他们需要建立与自然的联系。而教师所要做的，正是不断地引导、协助他们走进自然、热爱自然，并从中获得生命的力量，直至一生。

建筑工程劳动“挖泥坑”

［附 2］案例：挖泥坑的故事续集①

（一）内容来源

雨后的晨间，孩子们总是对低洼处的小泥坑特别感兴趣，他们经常故意走进泥坑，用力跺脚，这是孩子们最快乐的时刻。可惜，这些泥坑都太小了，孩子们不满足于小小的泥坑，纷纷提议："我们想要一个大点的泥坑！"

（二）案例呈现

挖一个大泥坑，听起来简单，做起来到底怎么样呢——

有的孩子不断地挖出泥土，忙得满头大汗，有的则将泥土填回去，有的在嬉戏打闹，还有的在一旁走来走去……他们不是在挖泥坑，而是在玩耍。

幼儿在游戏中有不同的行为，总体而言，呈现出一种分散的、缺乏合作的游戏状态。确实，挖一个泥坑真的没有想象中那么简单，工程量大，难度高，非一人之力所及，而是需要互相合作。合作也没有那么简单，它是幼儿在活动中逐渐发展起来的一项复杂技能。如果仅仅将幼儿聚集在同一空间，他们并不能形成真正的学习共同体。教师需要关注幼儿个体在群体中如何与他人和环境互动，才能提供适宜的支持。

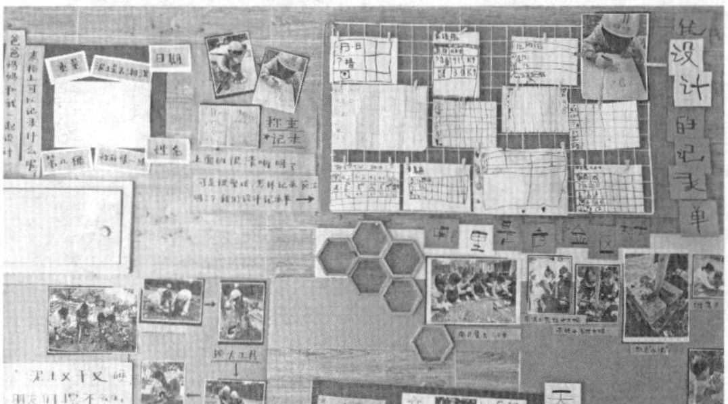

---

① 此案例在 2021 年度无锡市幼儿园"在自然中学习"案例比赛中荣获一等奖。

选择“挖泥坑”作为工程劳动内容的判断依据

教师的思考	判断依据
为什么选择“挖泥坑”？	教师不仅要关注幼儿个体的学习与反思，还要关注幼儿个体在群体中如何通过与他人、环境相互作用而获得发展。
	与一个或多个同龄人一起游戏，是幼儿逐渐发展起来的一项复杂技能，因此应该注重幼儿合作游戏的水平。
	仅仅将幼儿聚集在同一空间里并不能使之形成一个真正的共同体。知识是情境化的，“挖泥坑”活动本身是一个很好的情境。

事实证明，“挖一个大泥坑”恰好创设了有利于幼儿合作学习的情境，幼儿在游戏中呈现出合作学习的阶段性发展过程。

1. 第一阶段：把握时机，成为学习共同体的新成员

幼儿在挖泥坑活动之初呈现出分散游戏的状态，教师把握时机，通过两个支持策略，为其创造了既安全又具有挑战性，有利于合作学习发生的环境。

（1）工具暗示，指向合作挖掘

幼儿的合作行为易受工具的暗示，于是教师与孩子共同收集工具与材料：大铁锹、水桶、水管等。工具的提供为幼儿创造了合作游戏的机会，催生了合作游戏。孩子们自发合作，一起使用大铁锹进行挖掘，合作用水管将水引进泥地。同时，铁锹、水桶、水管等指向性明确的工具又为孩子们提供了挖掘工作的线索，于是，他们都为挖泥坑而忙碌起来。

（2）外围突破，激发合作意识

刚加入游戏的新成员，可以尝试从外围突破，逐渐熟悉任务。教师引导孩子从旁观者开始加入游戏，让他们在旁边设计不同造型的泥坑是个好主意。分享环节，孩子们大胆讲解自己的设计；在讨论中，孩子们更加清楚自己要干什么。他们各自的任务逐渐清晰，合作意识开始萌发。

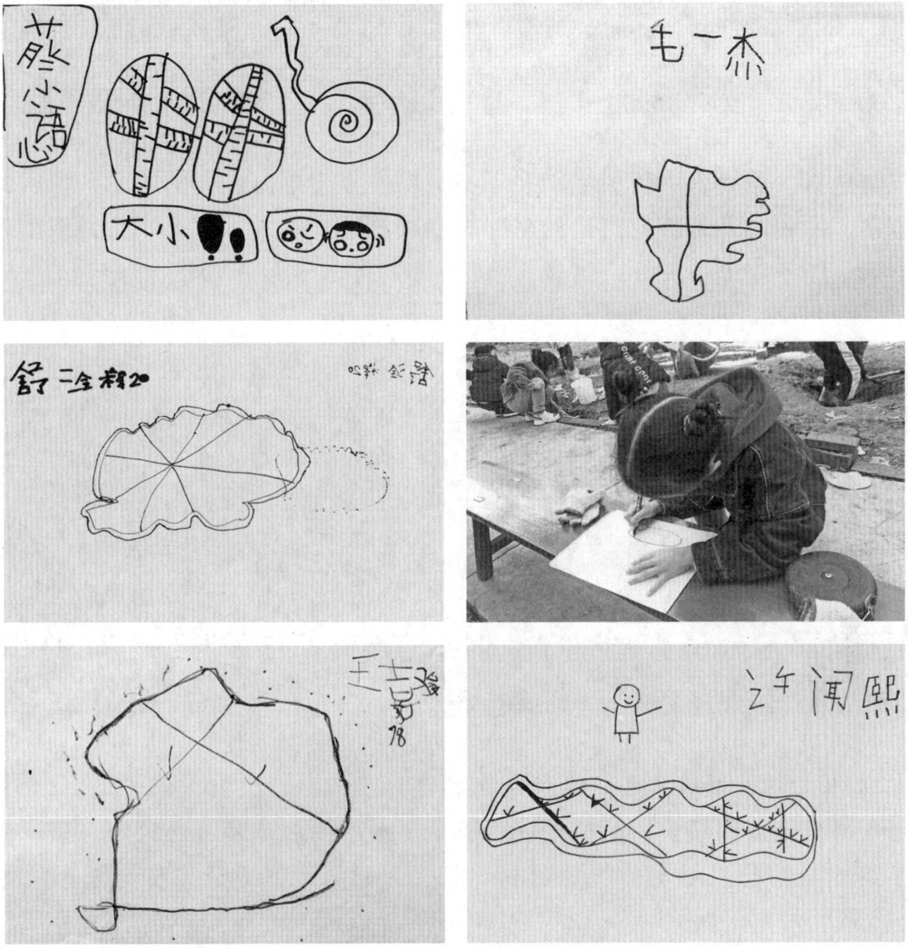

2. 第二阶段：明确角色，发展学习共同体的中心成员

如果将幼儿简单地安排在小组中，并不能保证幼儿能很好地合作。只有合理分组，才能增强合作学习的有效性。

（1）引导幼儿辨别差异，探索分组方法

孩子们自发分成不同的小组开展挖掘工作。一段时间后，各小组挖的泥坑大小不一，小的仅有脸盆那么大，大的则可以站进去两三个幼儿。为什么会出现这么大的差别呢？

教师从这个差异入手，引导幼儿思考小组人数与挖掘速度的关系，探索科学分组的方法。原先幼儿是按照自己的意愿自由选择同伴形成了几个小组，但由于各组人数不等，任务完成情况差距明显。当明确原因后，大家很快调整了每组的人数。

（2）帮助幼儿明确角色，提高合作质量

现在每组人数相同了，但挖掘进度还是出现了明显差距。讨论后，孩子们发现这是小组成员的分工不明确所导致的。那么，如何才能充分发挥每个小伙伴的力量呢？

孩子们提议可以根据工作内容进行分工。他们将所有工作大致分成挖掘、搬运、称重记录、倒土四项，他们还制作了相应的工作牌，挖掘时，每个人戴上工作牌，就不会忘记自己该干什么了。

然而，新问题很快又出现了！挖掘的孩子特别忙碌，负责其他三项工作的孩子又特别空闲，大部分时间都在等待。孩子们意识到组内成员的分工还是不合理，于是对分工又进行了调整：增加挖掘的人数，减少搬运、称重记录、倒土的人数。

就这样，幼儿在工程劳动过程中逐渐掌握了分工合作的方法，遇到问题有了自己的看法和解决办法，逐渐成为学习共同体的中心成员。

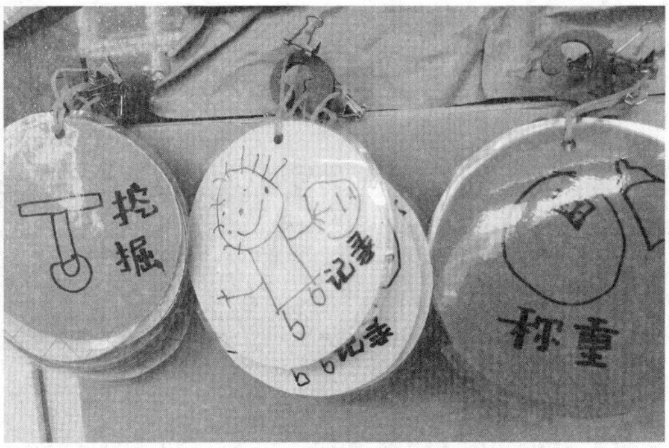

3. 第三阶段：信息共享，进阶为学习共同体的核心成员

随着工程的推进，幼儿的经验也逐渐丰富，能在小组中发挥更大的主导作用了。教师在这个阶段又提供哪些支持策略？

（1）提供集体记录板，让幼儿充分展示合作成果

“我们组最重的一桶是 6.3 kg！”小文指着记录本说道。

“瑶瑶那一组最重的一桶比你们的还要重，有 7.3 kg 呢！”小彬说。

各小组成员在自己组的记录本上记录着。看来，幼儿不仅关注自己组的数据，也在关注其他组的劳动成果。这是一个很好的学习契机。

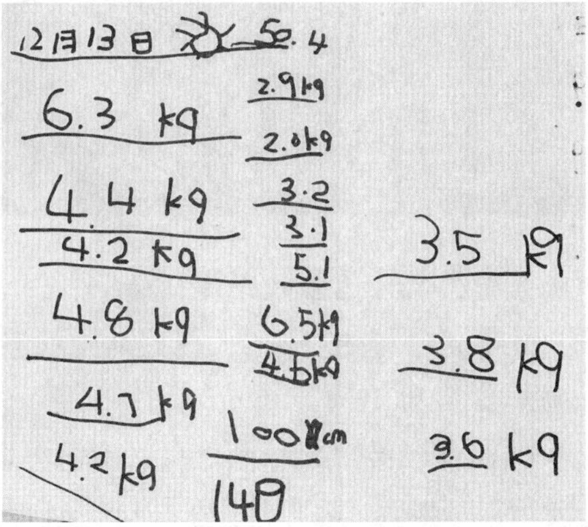

于是，教师为他们提供了集体记录板，便于各组及时了解其他组的挖掘情况。

“瑶瑶组最重的一桶是 7.3 kg，还有比这个更重的吗？”教师问。

“我们这一桶肯定超过 10 kg！”小文和同伴一起用力抬起一桶泥土来。

连续称了三桶之后，小彬看着记录表说：“虽然我们组最重的一桶没有他们的重，但我们（挖的土）加起来比他们的重。”

“你们想到的比较方法很多，可以比一桶的重量，也可以把几桶加起来比总重量。”教师小结道。

集体记录板的使用为各小组提供了比较的机会，小组之间产生了竞争，挖泥坑的效率显著提升。同时，幼儿还能多角度分析问题，学会了换个角度肯定自己。

（2）引导幼儿回顾分析，制订适宜的合作目标

“今天我们组要挖 90 kg，一桶 10 kg，大概挖 9 桶就够了。”小文说。

“为什么是 90 kg 呢？”老师追问。

“昨天我们挖了 79 kg，今天再增加一点重量，应该可以完成。”

“你们怎么知道挖 9 桶就够了呢？”

“我们每次装满一桶，差不多是 10 kg。所以只要挖 9 桶就可以完成。”

就这样，幼儿通过回顾以往的数据，有目的、有依据地做工作规划，适宜的计划使挖掘工程稳步推进。

随着工作的持续，幼儿在工程劳动中的地位悄悄发生着变化——从刚加入劳动活动的新成员，变成劳动活动的中心成员，再进阶成为核心成员。这种转换，是教师和幼儿主动参与、积极互动的结果。随后，更多的学习小组产生了：测量小组、称重小组、搬运小组……处于学习共同体中的每一位幼儿，正沿着相似的路径完成自身的成长进阶，他们就像一颗颗种子，拥有自己的生长节奏，在改变大自然的工程劳动游戏中自然地成长！

第四章 工程劳动课程的实施路径

我们大致将工程劳动课程的实施过程分成三个阶段：工程的开启、工程的实施、工程的结束。这样可以很容易地将工程劳动课程看作一个生动、有趣的故事，有开头、过程和结尾。

在课程实施过程中，师幼通过调查研究、挖掘资源、工程启动、问题聚焦、设计图纸、实地建造、测试调整、工程检验、成果运用等具体路径，共同推进课程走向深入，使幼儿丰富劳动经验、获得劳动方法、提升劳动能力，促进幼儿深度学习，最终促进幼儿劳动素养的形成和发展。

幼儿绘画表征：合作建造“兔子之家”

第一节
工程劳动课程的开启

许多工程劳动课程开始之前，都有一个起“催化”作用的事件，能激起全班或部分幼儿的兴趣。教师及时关注幼儿的游戏和对话，记录幼儿的问题和想法，从幼儿的兴趣需要、认知水平上判断课程内容的适宜性，这对于任何一个工程劳动课程而言都是非常重要的。

案例片段：我们需要一个玩沙池多功能架

玩沙是孩子们最喜爱的活动之一，玩沙时孩子们会自带雨鞋，也会自己穿脱雨鞋，但问题也随之而来：雨鞋被随意放进柜子，寻找起来特别不方便，每次都要把柜子翻个底朝天才能找到自己的雨鞋；雨鞋清洗之后湿漉漉的，没有地方摆放晾干……于是，有孩子提出：“我们可以为玩沙池造个多功能架子。”这个想法得到了大家的一致认同，大家都觉得在玩沙池摆放一个多功能架子非常必要，可以方便大家取放雨鞋，说不定以后还可以用来悬挂玩沙工具呢。

一、调查研究，经验准备

确立工程劳动课程内容后，师幼共同商量适宜的课程实施方法，同时开始前期的准备工作——教师引导幼儿针对工程劳动相关问题搜集信息，主动建构知识经验。采用的方法通常有上网查阅法、绘本阅读法、实地参观法、调查访问法、问卷调查法等，尽可能让幼儿通过多种途径和方式积累与工程劳动相关的经验。

案例片段：“建造彩虹游戏房”工程劳动的前期调查

在设计游戏房屋顶之前，师幼一起上网查阅游戏房的图片。浏览了很多房屋图片后，大家展开了讨论：

“我喜欢彩色的。”

“对，彩虹一样的颜色。”

“它像森林里的小木屋一样。”

“有着伞一样的屋顶。”

“下雨天也能在外面玩。”

“它的底部要有轮子，便于移动。”

“对，这样它能移来移去。”

……

原来，孩子们想要建造一座与众不同的游戏房，它有着像伞一样的彩虹屋顶，整体又可以移动。于是，教师引导幼儿先仔细观察雨伞，了解伞的基本构造：有八根或六根支撑骨架。同时引导幼儿再次上网查询，了解不同类型的伞，为接下来设计彩虹游戏房做好充分的准备。

二、收集整合，挖掘资源

师幼在共同调查课程资源的基础上，从课程需要的角度对搜集整理到的资源进行梳理，按照园内外资源、专家资源、家长资源、绘本图书资源等类别做分析和筛选，挖掘课程资源中蕴含的教育价值。

1. 对园内外资源的挖掘

对园内、园外资源的开发与利用，可以引发和推动幼儿的学习与发展。我园教师有针对性地挖掘与工程劳动相关的各种资源，师幼共同进行研判和筛选，绘制“资源地图”，与资源进行有效、深度的互动。

案例片段：改造园内“感官小路”

幼儿园户外场地的圆形砖块路面破损了，要不要请负责维修的工程师来修复呢？教师认为这恰好给孩子们提供了开展工程劳动的机会，于是，一场师幼共同参与的对园内自然资源加以改造的工程劳动开始了。经过实地勘察，孩子们也产生了想要修复这处残缺路面的想法，他们立刻展开行动，调查了解园内外不同路面的样式，搜集不同的材料，设计“感官小路”方案……小小建造师们改造路面的劳动正式开启。

2. 对专家资源的充分利用

工程劳动课程实施中，教师应具备一定的工程、技术等知识，此外，仍需要相关专家在技术、工具、技能等方面提供指导和帮助，因此，建筑工程师、瓦工师傅、木工师傅、水利工程师等专业人士的支持是必不可少的。专家资源能有效指导师幼解决工程劳动中遇到的真实问题，帮助师幼积累工程劳动相关知识、经验。

案例片段：不会砌砖，怎么办？

户外种植园地上，孩子们想用砖砌一个椭圆形的水池作为水培区，用来种养水生植物。经过前期调查，大家决定使用砖块、水泥、黄沙等材料。一切准备就绪，实际行动时，孩子们却产生了许多疑问：为什么砌的砖头会松动呢？应该放多少黄沙、多少水泥、多少水，才能做出合格的水泥浆？怎么将砖块按照设计方案摆成椭圆形？随后，教师请来了负责幼儿园建筑维修工作的专业人员——瓦匠师傅。瓦匠师傅来到现场后，给孩子们讲解了一些简单的建筑知识，带孩子们认识了很多专用工具。在瓦匠师傅的指导下，孩子们亲手搅拌黄沙水泥，给砖头泡水，用专业工具砌砖等，椭圆形水池终于建造成功啦！

3. 争取家长的理解和配合

家长资源在工程劳动课程实施中发挥着双重作用。一方面，家长配合收集各类材料，为课程实施提供充足的物质支持，另一方面，家长拥有各自的特长和专业，不同家长的生活经验可以成为课程实施的丰富素材，家长的教育理念更是会直接影响工程劳动课程实施的整体质量。但幼儿在参与工程劳动时，有时会弄得满身是泥，想要获得家长的理解和支持并不容易。幼儿园要与家长进行沟通，向家长传递关于劳动教育的正确观念。我们录制了家庭教育微讲座《培养孩子的劳动力——家庭真正的富养》《工程劳动科普教育》等视频，向家长宣讲劳动教育的价值，帮助家长树立正确的劳动观念。在课程实施过程中，及时跟家长分享课程故事、幼儿的“劳动日记”，让家长体验和感受幼儿的成长。在家园深度沟通和互动下，家长对幼儿园开展工程劳动课程更加理解和支持，家园合力，共同促进幼儿发展。

工程劳动课程故事分享会邀请函

各位家长朋友：

我们班的“挖泥坑”工程劳动已经开展一个多月了，孩子们在劳动中发现、在劳动中思考、在劳动中成长，您一定很想知道孩子们在近阶段的工程劳动中究竟收获了什么。我们特邀您于周一 15：00 来园，来听一听孩子们在劳动过程中发生的小故事，相信您一定会深受感动。我们期待您的到来！

大 2 班

4. 对绘本资源的运用

和工程劳动课程内容有关的绘本资源能拓展、丰富幼儿的知识与经验，翻阅绘本也是幼儿查阅资料的一种方式，幼儿在工程劳动中遇到问题，有时可以通过查阅绘本获得知识来解决。很多绘本蕴含着自然、科学等方面的知识，并以幼儿喜闻乐见、能够理解的形式传达出来，仔细阅读，能发现里面藏着很多和工程劳动内容相关的资源。因此，开展工程劳动时，师幼经常会收集相关绘本，投放在区域里，以支持幼儿有创意地利用材料、建构模型、解决问题。

三、举办开工仪式，凸显工程劳动特色

（一）幼儿园“小小工程队”开工仪式

为了让幼儿像真正的工程师一样体验工程劳动的完整过程，在新的工程劳动内容启动前，幼儿园会策划举行开工仪式，为幼儿搭建交流的平台。

幼儿园“小小工程队”开工仪式方案

一、“小小工程队”开工仪式准备工作

1. 各班师幼共同确定本学期的工程劳动内容，共同设计“工程队项目牌”。
2. 幼儿向同伴介绍班级工程劳动的内容。
3. 仪式当天服装须知：幼儿穿“工程师”服装，戴头盔、手套等。
4. 大班幼儿负责排练，准备锣鼓阵队的表演。
5. 各班共同准备剪彩材料：红绸、托盘、剪刀等。

二、“小小工程队”开工仪式活动流程

1. 入场：各班工程队幼儿手持“工程队项目牌”进入场地。

2. 集体欣赏工程劳动的视频。

主持人：孩子们，告诉你们一个好消息，我们这学期新的工程劳动就要开始啦！你们期待吗？你们想成为优秀的小小工程队员吗？我们一起来观看大哥哥大姐姐参加工程劳动的视频。

（1）播放工程劳动视频“制作公园长椅”。

主持人：视频中的小朋友在做什么？他们第一次做长椅成功了吗？后来又发生了什么事？他们放弃了吗？

（2）播放工程劳动视频“夏日遮阳棚”。

主持人：视频中的小朋友使用了哪些工具？他们是怎样使用工具的？使用工具时做了哪些保护措施？

主持人小结：要想成为优秀的小小工程师，在遇到问题的时候必须积极动手动脑，想办法解决问题；使用劳动工具时，要注意安全，学会保护自己；在活动中还要自己画设计图纸，和同伴分享自己的想法。这些你们能做到吗？

3. 工程队员集体宣誓

誓言：我们要积极动手动脑，遇到困难不放弃，使用工具注意安全，跟同伴一起合作，完成项目！我们一定能成为优秀的小小工程师！

4. 各班工程队幼儿代表简短介绍自己班的工程劳动内容。

各班代表发言，例如：我们班的工程劳动内容是……我们想要解决的问题是……

5.“小小工程队”开工剪彩仪式。

各班工程队代表上台剪彩。

主持人：预祝小小工程师们的工程取得成功！我宣布，小小工程队正式成立啦！

“小小工程队”开工仪式

（二）举办班级工程劳动开工仪式

除了在全园范围内举行的“小小工程队”开工仪式，各班也开展丰富多样的工程劳动启动活动。首先，师幼共同调查、了解开工仪式需要准备的物品及注意事项；然后，设计邀请函，邀请不同的人员参加启动活动；举行项目招标会，选择工程劳动的具体项目；成立工程小队，幼儿竞聘工程队长等。一场场充满儿童味道的工程劳动启动仪式在师幼共同策划下诞生，并且伴随着课程的推进而不断拓展。

案例：班级工程劳动开工仪式系列活动

什么是开工仪式？在哪里见过？大2班的教室里，正在进行一场关于“开工仪式”的热烈讨论。

“我家装修的时候会放炮仗，这可能就是开工吧。”

“我家造房子时我见过，有红色的拱形气球。”

1. 筹备开工仪式

开工仪式到底需要做哪些准备？通过调查研究，孩子们发现开工仪式是有一系列活动的，需要红色物品装饰，一些嘉宾会佩戴胸花，现场有主持人，会播放欢快的音乐等。于是，孩子们决定筹备自己班的开工仪式。孩子们寻找各种红色装饰品带到园里，还用彩色卡纸和红绸带做胸花，为工具绑上红色蝴蝶结。“现场最好还要有热闹的音乐，这样其他小朋友才知道我们是在举行开工仪式。”聪明的欣欣提议道。于是我们班的小乐队诞生了。

一切准备就绪，孩子们提议邀请谈老师来参加开工仪式，她是幼儿园工程劳动的总负责人，经常来我们班关心工程劳动的开展情况。于是，我们设计邀请函，制作胸花，派代表走进谈老师办公室，进行邀约。

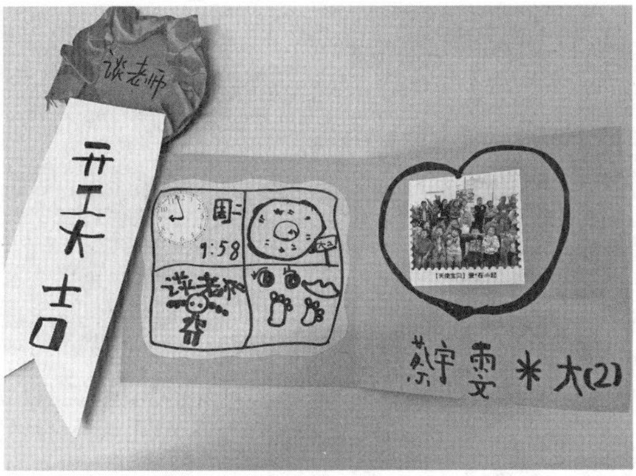

2. 正式举办开工仪式

11 月 3 日上午 9：58 分，开工仪式开始啦！大家来到工地上，首先由竞选出的两位小礼仪介绍工程项目，接着小乐队奏响乐曲，大家齐声呼喊：“开工啦！”伴随着喧天的锣鼓声，小工程师们铲起第一堆土，“泥巴乐园”破土动工！

3. 项目招标会

到底要建造怎样的“泥巴乐园”呢？大家的想法那么多，到底谁的才是最可行的呢？哪些泥巴游戏最受欢迎呢？大家争执不下，一场“泥巴乐园”项目招标会就开始了。

“我想建造淘宝区，挖一挖地下的宝贝。弟弟妹妹肯定也会很喜欢。”

“我想建造落叶池，搜集到的落叶可以堆积在这里，让我们玩游戏。”

“我想建造泥巴墙，在上面用泥巴画画，一定很好玩。”

……

大家的想法很多，想用泥巴建造的游戏设施也五花八门。最终，我们用投票的方式选出了“泥巴墙”“落叶坑”“淘宝乐”三个“泥巴乐园”项目。

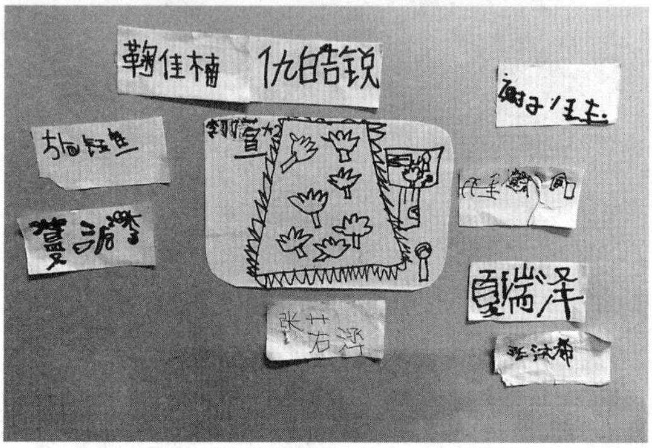

4. 竞选工程队小队长

几天后，我们又举行了工程队小队长竞选活动。孩子们站在讲台前，围绕自己想要竞选的小队长岗位介绍自己的想法，为自己拉票。大家投票选出了三名小队长：一扬担任“淘宝乐”项目的小队长，皓锐担任“落叶坑”项目的小队长，可欣担任“泥巴墙”项目的小队长。这三个孩子用自己的语言和创造力打动了同伴。大家期待小队长能带领团队成员出色地完成本队的劳动任务。

第二节
工程劳动课程的实施

工程劳动课程实施阶段主要分为问题聚焦、探索设计、实地建造这几个关键环节，强调在真实的问题情境下幼儿身心参与，手脑并用，在发现问题、解决问题的过程中获得知识与经验。同时，教师关注幼儿在活动过程中的体验和感悟，引导幼儿感受劳动的艰辛和收获的快乐，增强幼儿的获得感、成就感、荣誉感。

一、问题聚焦阶段

1. 将幼儿的问题转化为可探究的工程性问题

在工程劳动开始之前，教师聆听幼儿的声音，捕捉幼儿的兴趣，了解幼儿的需求，师幼一起罗列、梳理幼儿已经拥有的经验和想要探究的问题，最重要的是从幼儿感兴趣的众多问题中做出选择，选取其中有价值的、可探究的问题，将其转化为工程性问题。也就是将幼儿提出的“是什么”“为什么”等科学问题转化为“怎么做”的问题。

2. 理解工程性问题的特点

工程性问题的提出是触发工程劳动的“按钮”，幼儿的探究行为都是围绕工程性问题而发生的。问题能激发幼儿的兴趣，使其主动投入到活动中，并给幼儿提供广阔、多维的探索空间。工程性问题具有真实性、探究性、逻辑性、开放性的特点。

案例片段：点心区的新椅子

（一）活动来源

班级自助点心区没有多余的小椅子，所以孩子们平时都是站着吃完点心的。一天，欣欣说：“昨天我和妈妈去吃自助餐了，坐在餐厅里吃了好多好吃的，太舒服了！”“我们的自助点心区要是也有椅子就太好了！”孩子们的讨论引发了大家的兴趣，孩子们一致决定要亲自动手来做点心区的新椅子。

（二）活动过程

1. 初次探索，发现问题

在前期调查和幼儿分享的基础上，孩子们很快完成了椅子设计图。大家带着设计图来到木工房，拿起榔头叮叮当当敲起来，他们都沉浸在敲击的乐趣中。半个小时过去了，却没有一点儿进展——有的孩子用榔头随意地在木棍上敲击，有的孩子拿着钉子无从下手，还有的孩子在材料区挑选着木棍。桌上的设计图纸形同虚设。

于是，我召集幼儿展开第一次讨论。

“做椅子成功了吗？有没有遇到困难？”

“我们设计的椅子太难了。”

“你觉得哪个椅子做起来最简单？”

“小板凳最容易做！”

孩子们一下子有了方向，决定从最简单的小板凳入手。

有的孩子拿着木板开始连接，但是木板晃来晃去；有的孩子一手握榔头一手抓钉子，开始往板上钉钉子，钉子却东倒西歪，很难固定住。

于是，我召集大家进行第二次讨论。

“钉子敲不进去怎么办？”

“钉子钉不牢怎么办？”

“敲的时候钉子会动来动去的，怎么办？”

“点心区的新椅子”工程劳动中幼儿的问题和教师的支持策略表 1

遇到的问题	幼儿的解决方法	教师的支持策略
设计什么样的小椅子？	调查生活中各种椅子，画画各种椅子的设计图纸。	支持幼儿自发的艺术表现和创造。
选择哪种合适的图纸？	亲身实践，遇到困难后讨论，挑选容易实现的设计方案。	提供倾听和交流的机会，引导幼儿寻找解决问题的方法。
怎样敲钉子？	探索多种敲钉子的方法。	请多名幼儿展示不同的方法，讨论哪种更方便。

教师的思考：

幼儿喜欢敲敲打打的木工活动，一进木工房就迫不及待开始“工作”。但由于实践经验缺乏，他们遇到了各种各样的问题。教师没有包办代替，也没有直接告诉幼儿答案，而是让幼儿在动手操作中充分体验，并以问题引导的方式和幼儿探讨，支持幼儿解决问题。

2. 借鉴经验，解决问题

有了前期经验，幼儿决定两人合作做小板凳，一人扶钉子，一人敲钉子。小杨握着两根木棍，使之成十字形，小缪负责敲钉子。敲完后，他们发现问题了：“椅子不能站啊！怎样才能让椅子站起来呢？”小杨拿起木棍，使之与椅面垂直，比画了一下，随后一手扶钉子，一手敲榔头，只见钉子缓缓向下，尖尖的一端从椅面下冒出来了。小杨噘着小嘴说：“老师，（钉子）怎么会跑出来啊？”“你可以看看别人是怎么连接成功的，再拿一根钉子试一试。”小杨到小伙伴那边学习了一下，又从正反面观察了自己钉的椅子，再次开始尝试……

“点心区的新椅子”工程劳动中幼儿的问题和教师的支持策略表 2

遇到的问题	幼儿的解决方法	教师的支持策略
怎样才能让椅子站起来？	从失败中总结经验，调整椅腿的长度和角度。	鼓励、支持幼儿自发的探究活动。
钉子钉在哪里更合适？	把椅面和椅腿横截面的连接处对齐。	满足幼儿的探索需求，提供同伴的作品给大家欣赏，促进相互学习。

教师的思考：

幼儿在探索中发现椅面和椅子腿之间的空间关系、钉子往下钉的角度等问题，并针对新问题进一步思考；教师引导幼儿向同伴学习，提供充分的时间和空间，支持幼儿更细致地观察、探究。

3. 改进策略，再次实践

（1）怎样量出长短相同的椅腿

孩子们对制作椅子有了粗浅的经验，知道最简单的小椅子有椅面、四条腿，知道椅子的腿要一样长才能平稳。当他们钉好一条椅腿后，到木工房找第二条腿的材料，发现木棍都长短不一。怎么办？有的孩子将木棍跟椅腿的上端对齐，然后沿着椅腿底边用记号笔在木棍上直直地画了一条线。有的孩子直接将两块木板靠在一起，用相似的方法，将它们的一端对齐，在另一端用记号笔画线做记号。

（2）怎样锯出长短相同的椅腿

孩子们熟练地沿着画的标记线锯下木条，把它们装在椅面下方。

“呀，怎么放不平？”

“木头锯歪了。”

孩子们很快发现，刚才锯下的木条一端有点不平，导致木条和椅面的接触面不平齐，导致钉子很难钉进去。

“我们锯的时候慢一点。”

“锯的时候，木条要拿拿牢。”

“我们来看看上次做成功的依依是怎么做的。”我给孩子们欣赏了依依借用工具夹住木条再操作的照片，并请依依介绍经验：将锯条斜着锯，比平着锯完成得快。

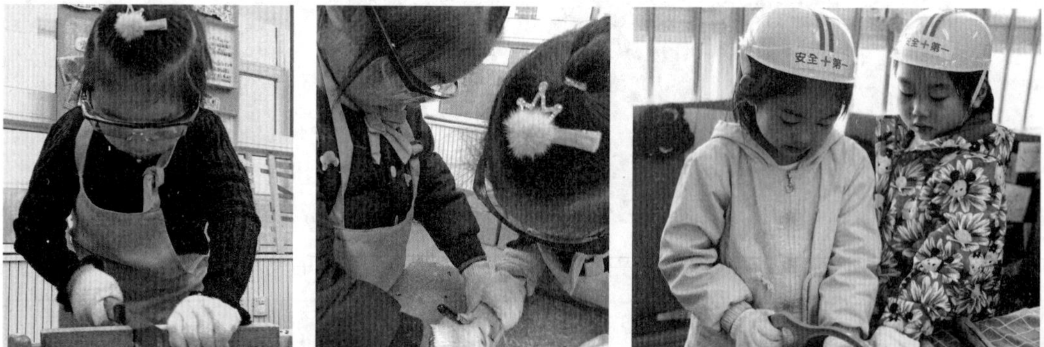

“点心区的新椅子”工程劳动中幼儿的问题和教师的支持策略表3

遇到的问题	幼儿的解决方法	教师的支持策略
怎样锯木头更方便？	可以借用固定工具来架空木条，再找准角度，将锯条斜斜地切入木头。	提供锯子、固定器材等工具，便于幼儿操作。
怎样量出长短相同的椅腿？	用一根木棍做标尺，测量、比画，并用记号笔做标记。	鼓励和支持幼儿用多种比较方法进行测量。
怎样锯出截面平整的椅腿？	找到椅腿横截面与椅面不平齐的原因，改进锯木头的方法。	引导幼儿交流、分享、讨论，借鉴同伴的好方法。

教师的思考：

活动中幼儿乐于探索，遇到了一连串的真实问题，他们通过反复尝试、分享、交流，最终寻找到了解决问题的方法。

4.改进策略，优化椅子

（1）椅子不稳怎么办

小椅子基本完工，可孩子们坐上去的时候，发现它不稳，那怎么办呢？“再加一个钉子吧！”大家在椅面的四个角落处各加了一个钉子固定，可小椅子还是歪歪扭扭，不够结实。看来，只有四条腿的椅子是不稳固的。于是，我们又组织了谈话活动，引导孩子们观察和比较，发现上课坐的小椅子在椅腿之间有一根木棍相连，就是椅腿之间有横档。“那我们也给小椅子加上横档吧！”

（2）椅子靠背怎么连接

如何将椅背与椅面进行连接？大家想到了合作，即一人扶椅背，一人用钉子连接。可是，当椅背上的木棍和椅脚的木棍上下对齐后，大家发现没有地方敲钉子。幼儿马上想到要移动椅背的位置，方便使用榔头从下往上敲击钉子，使钉子和椅背相连，结果这样的角度榔头使不上力。此时，有幼儿建议把椅背反过来，这样就能正着向下敲钉子，很快又遇到了新的难题——椅子反过来后，椅背没有空间放，搁不稳了。为了解决这个问题，孩子们反复尝试着……

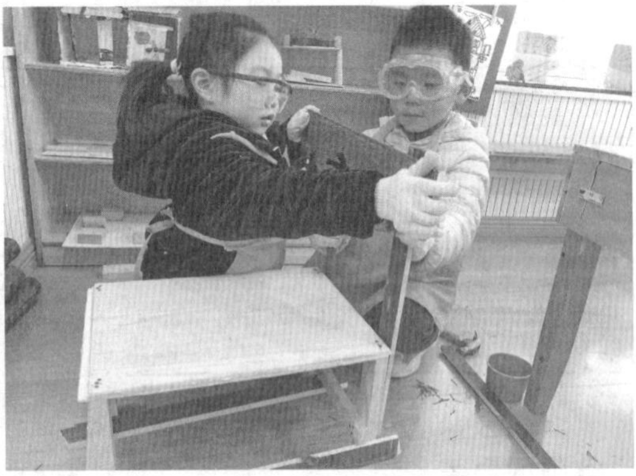

“点心区的新椅子”工程劳动中幼儿的问题和教师的支持策略表4

遇到的问题	幼儿的解决方法	教师的支持策略
椅子不够稳固怎么办？	椅面四角用钉子固定，观察生活中常用的椅子，在椅腿间增加横档。	允许幼儿不断试错，引导幼儿观察发现、总结经验。
椅子靠背如何连接？	不断调整椅背和椅面的角度，最终找到一个使椅面平稳的最佳角度。	引导幼儿发现事物之间的关联，支持幼儿的探究行为，和幼儿一起寻找问题的答案。

教师的思考：

给半成品板凳加上横档和椅背是个比较复杂的技术问题，看起来简单，做起来却很难。当幼儿遇到困难时，教师及时介入，通过引导幼儿讨论、观察实物等方法，引发幼儿更深层次的思考。同时，教师允许幼儿不断试错，寻找解决问题的最佳方法。

二、探索设计阶段

（一）制订工程计划

确立工程劳动内容后，师幼便要为即将开展的工程劳动出谋划策、制订工程计划了。制订工程计划是幼儿从事工程劳动的关键环节之一，可由师幼共同根据之前罗列的工程性问题制订行动计划。

工程计划应充分尊重幼儿的意愿，但也要顾及计划的可行性，保证计划得到落实。师幼共同制订的计划可以在实践过程中进一步完善、更新，以生成更好的内容、方法和策略。

工程计划可以是涵盖整个劳动过程的长期计划，也可以是针对某项劳动内容的短期计划。

1. 表格式工程计划

“做椅子”工程劳动课程计划表

项目类别	木工工程	项目名称	做椅子
班级	中 3 班	教师	汤国娣　顾江怡
项目来源	略。		
研究框架	一、调查与研究（× 月 × 日—× 月 × 日） 发放调查表，充分利用家长资源，鼓励家长和幼儿围绕下面的问题和建议一起搜集资料。 1. 椅子是什么样子的？ 2. 椅子有什么用？ 3. 椅子有哪些种类？ 4. 可以用哪些材料制作椅子？ 5. 制作木头椅子需要哪些工具和装备？ 6. 搜集各类可以用来制作椅子的材料和工具。 二、设计与制作（× 月 × 日—× 月 × 日） 1. 鼓励幼儿积极参与绘制椅子设计图，评选最佳设计图。 2. 收集与挑选适合做椅子模型的材料。 3. 尝试制作椅子模型。 4. 投票选出最优模型。 5. 通过实验选出最稳的椅子模型。 6. 测量模型各部位的尺寸，按比例放大，得到实物椅子的尺寸数据，开始制作椅子。 三、使用与调整（× 月 × 日—× 月 × 日） 将椅子投放到自主点心区使用，引导幼儿发现存在的问题，如：椅子不平怎么办？几条腿的最稳固？如何让椅子更加舒服？（探索需要增加哪些部件）然后针对发现的问题进行调整、优化。			

领域	相关的关键经验	对应的《指南》指标
科学	1. 感知椅子的结构、功能。 2. 观察、比较、分析影响椅子稳固性的条件。 3. 了解椅子的种类和特点。	1. 能对事物或现象进行观察比较，发现其相同和不同之处。 2. 能根据观察结果提出问题，并大胆猜测答案。 3. 能通过简单的调查收集信息。
数学	1. 对制作椅子的材料进行观察和比较。 2. 能用数字、图表等符号进行记录。	1. 能感知和区分物体的厚薄、长短、轻重等方面的特点，并能用相应的词语来描述。 2 能通过数数比较物体的多少。
工程	1. 尝试设计椅子，制订制作计划，并按步骤操作。 2. 能按设计图、模型制作椅子。	1. 能用绘画、手工制作等方式表现自己观察到的或想象的事物。 2. 能用图画或其他符号进行记录。
技术	1. 能根据自己的目的选择适宜的材料制作各种木头椅子。 2. 能运用各种工具将木棍、木板等材料合理连接起来。	1. 能使用简单的劳动工具或用具（榔头、锯子等）。 2. 能感知物体的形体结构特征，能画出或拼搭出该物体的造型。

2. 思维导图式工程计划（完整版）

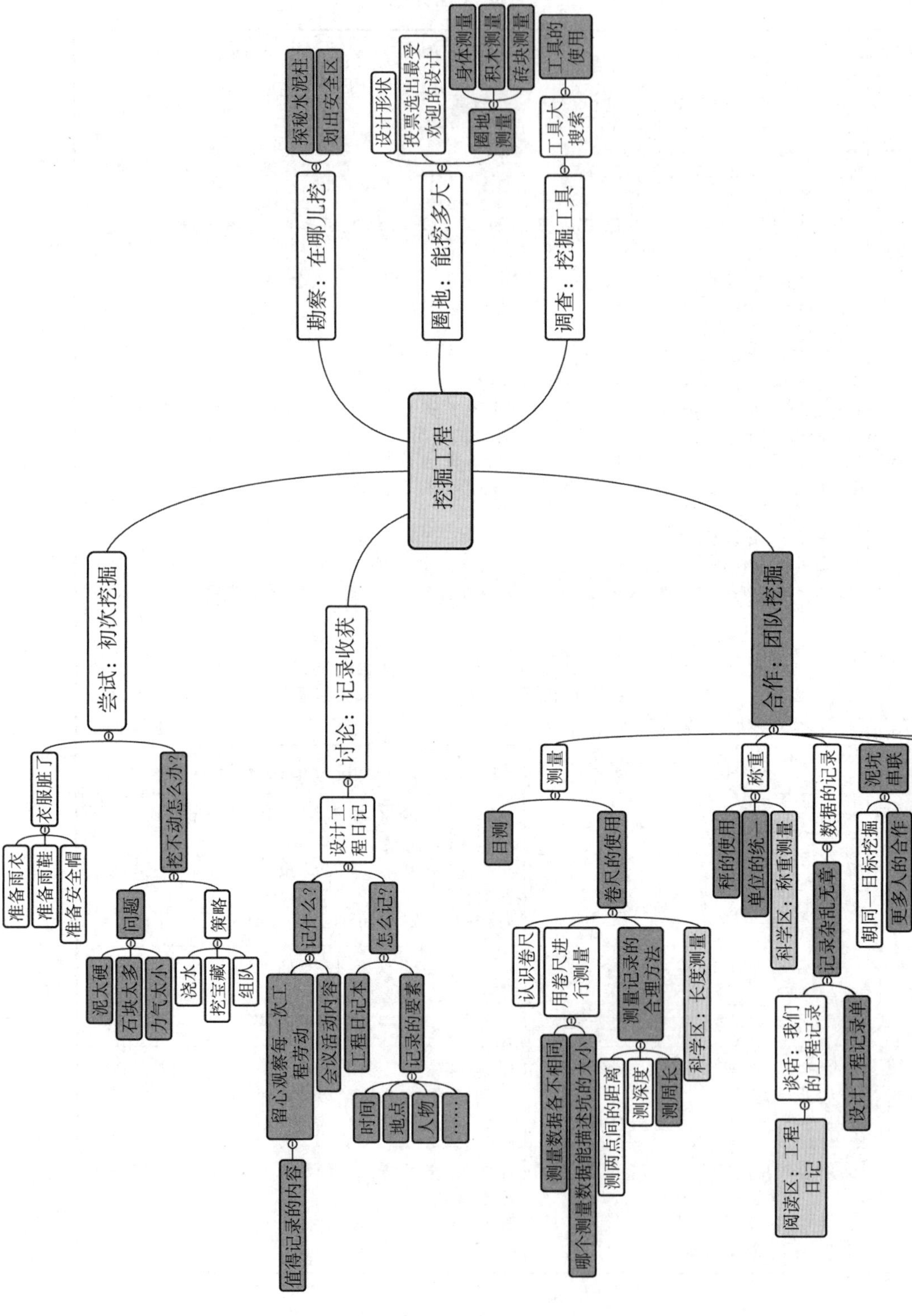

注：本图已包含生成活动。

“挖掘工程”计划图

3. 幼儿绘画的工程计划

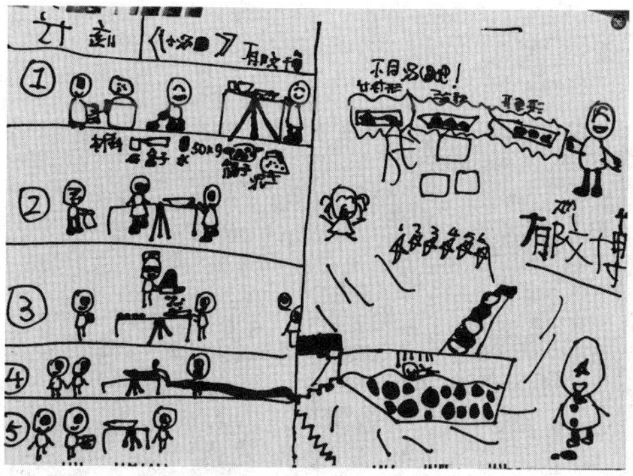

（二）绘出设计图

在工程劳动中，幼儿通过一系列设计与制造活动来解决生活中真实的、有意义的问题，初步培养工程思维。在每个工程劳动项目开始之前，教师通常会引导幼儿在讨论的基础上绘出设计图，幼儿会根据自己的需要，结合已有经验绘画设计图，然后依据设计图进行模型搭建或实地建造活动。一份表达完整、清晰的设计图，有助于教师和幼儿理清思路，做好行动准备。这份图纸不像专业的工程施工图那样精准、严密，但也要尽可能囊括该工程劳动所需要的材料、工具，表现出工程劳动成品的外形、功能等。当然，幼儿工程劳动设计方案的表现方式是灵活多样的，它还可以在工程活动推进过程中不断调整和优化。

案例片段："恐龙运被拖车"设计图

1. 第一次，设计外形

围绕"想设计一辆怎样的拖车"这个问题，孩子们展开了热烈的讨论："我喜欢恐龙样子的，因为恐龙很厉害。""我喜欢蜜蜂，它勤劳。""我喜欢小熊，毛茸茸的，摸起来很柔软。"……

最后大家一致决定综合上面这些小朋友的意见，因为恐龙外形的拖车会非常可爱，还有醒目的警示安全色，提示大家运送被子时注意安全，毛茸茸的手柄会增加舒适感。

2. 第二次，设计构造

在确定拖车的外形后，孩子们在教师的引导下进一步设计拖车的构造："拖车要大一点，可以放好多被子。""要有雨篷，下雨天也可以用。""轮子可以转弯，还要有刹车。"……

"可是拖车太大，我们在三楼，不好拿。"芮芮的担忧点燃了大家的思维火花，大家积极动脑，七嘴八舌地讨论："做成可以收缩的，我们家的衣架是那样的。”“做成可以折起来的，这样会变小。”……

幼儿心目中理想的运被拖车，其结构是比较复杂的。他们围绕制作对象进行了多角度的细致思考，并多次完善设计，最终形成了大家都认可的设计图纸。

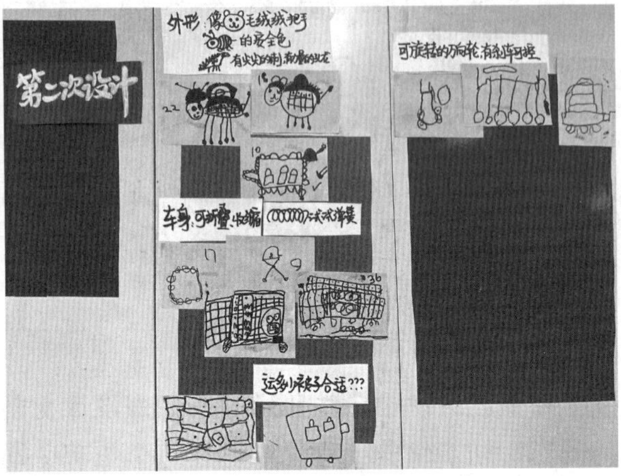

（三）制作模型

在工程劳动中，制作模型环节主要是引导幼儿建立“支架”，也可以看作是幼儿探究过程中的“鹰架”式学习，是连接幼儿现有水平和可能发展水平的桥梁。模型的制作过程是给幼儿搭“建台阶”，减缓幼儿从零基础到直接参加实地工程建造之间的“坡度”。在班级区域中，教师为幼儿提供丰富多样的便于搭建模型的材料，幼儿可以自由探究材料，根据需要尝试搭建各类模型。

但并非所有的工程都需要先建模型，当工程劳动对象的结构较大、较复杂，直接进行实地建造有困难的时候，可以增加模型建构环节，帮助幼儿形成立体印象，在相对直观的情境中不断探究，然后在对模型的探索中尝试逐个解决问题。

案例片段：搭建“彩虹游戏房”模型

幼儿想在户外建造一座能真正让自己玩起来的游戏房——彩虹游戏房。这是大型木工工程类作品，建造起来有一定的难度，而此时幼儿对房屋的结构并不了解，因此，先制作一个房屋模型就尤为重要，模型的制作可以为幼儿真正用木板建造“彩虹游戏房”提供有效的“支架”。

在班级的模型建构区，教师为幼儿提供了丰富多样的材料，供幼儿选择，制作房屋模型。一开始，幼儿用创意泥来固定模型各部位的支架，并没有成功。在讨论中，幼儿发现了问题并进行总结，从失败中吸取了经验。第二次搭建时，幼儿从底部开始，先制作方形的底座，再搭建伞形的屋顶。他们用环形积木做顶，又遇到了伞形支架如何才能向外撑开的问题。教师引导幼儿仔细观察、反复尝试，发现将三角形积木粘贴在环形积木周边，然后将小木棒粘贴在三角形积木上，最合适。可问题接踵而来——伞形屋顶有8条边，而方形底座只有4条边，两者对接固定有困难。幼儿继续探究，在一次随意的摆放中，他们发现将两个方形交错叠放就能变出八角形。随后，他们就用方形积木来帮助连接立柱和底座。在幼儿不断的探究、调整中，模型终于完成了。

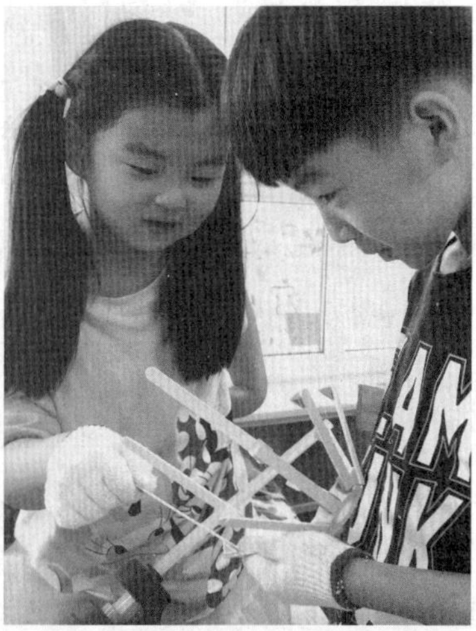
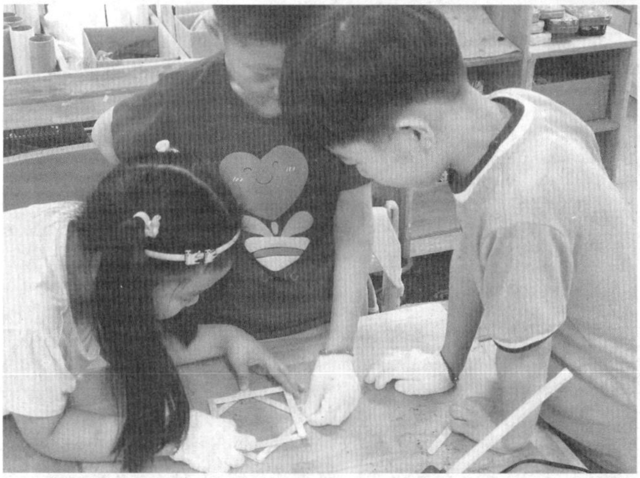

三、实地建造阶段

实地建造阶段是从书面计划转入真实实践的过程。幼儿的工程设计图为实地建造提供了方向，也要接受实地建造过程的检验。在实地建造阶段，幼儿将在时间、空间、材料和劳动技能等多方面因素的影响下，接受将设计“转译”为实物的挑战。在此过程中，往往会遇到很多难以预料的问题，幼儿将在回顾前期经验、调整建造过程、思考解决办法的过程中，启蒙工程思维。

（一）关注实地建造过程中的问题

在实地建造时，不可避免地会产生各种各样的问题，幼儿在解决问题的过程中，逐步将设计变成现实。教师需要关注幼儿遇到的真实问题，提供多样化的支持，引导幼儿探索相应的解决办法。

1. 筛选核心问题

幼儿遇到的每个问题都需要深入探究吗？如果让每个幼儿自主选择其感兴趣的问题，难免会出现问题数量过多，难以聚焦问题进行深入探究的状况，既可能影响工程劳动的进程，也不利于幼儿的深入学习。但如果不支持幼儿自主选择，又可能影响其探究的积极性。如何解决这一矛盾？为此，教师需要引导幼儿共同筛选问题，在数量较多的“初始问题”中，筛选出与工程劳动开展和幼儿发展目标最适切的问题，作为“核心问题”，引导幼儿深入探究。

教师可以引导幼儿通过辩论的方式自主筛选问题。例如，“挖泥坑”工程劳动初期，幼儿挖不动泥土，该工程接近停滞——

“泥土太硬了，能不能将泥土变松一点？”

“泥土里有很多石头，能不能先把石头找出来？”

“工具太软了，换硬硬的工具行不行？”

“我的力气太小了，能不能请大人来帮忙？”

幼儿的关注点不同、思考角度不同，因此，提出的问题也不尽相同。面对幼儿提出的诸多问题，教师引导幼儿通过辩论来筛选“核心问题”。辩论时，幼儿要表达自己的观点并说出理由。与我们以往所了解的辩论不同的是，幼儿可以在倾听他人的观点后改变自己的观点。随着辩论的推进，幼儿逐渐意识到“能不能找出泥土里的石头”“能不能请大人来帮忙”“如何将泥土变松”等不是关键问题。他们逐步聚焦“使用什么样的工具挖掘”这个问题，并围绕它展开深入思考。在此过程中，教师不断鼓励幼儿发表自己的观点，讲述自己的理由，引导幼儿逐步淡化一些单一的、表象的问题，聚焦于更加复杂的、实质性的问题，让幼儿在不知不觉中完成了对问题的筛选，围绕“核心问题”展开深入学习。

2. 解构复杂问题

随着工程劳动的实施，幼儿遇到的问题也越来越复杂。例如，在“挖泥坑”活动中，各小组开始相互比较泥坑的大小——

“你看，我们挖的泥坑比较大！”

“我们的泥坑可以站 5 个人，你们的呢？”

面对“哪一组挖的泥坑比较大”这个问题，幼儿的比较方式简单而随意，通过看一看、站一站来比较泥坑的大小。如果要相对科学地进行比较，则涉及多领域的认知和技能，需要幼儿对问题进行分析与解构。显然，这对幼儿具有一定的挑战性，需要教师给予支持。教师尝试通过支架性提问引导幼儿层层分解难题——

“怎样才能知道泥坑的大小？”

“有几种方法测量？”

“用什么工具测量泥坑的大小？”

“怎么使用工具呢？”

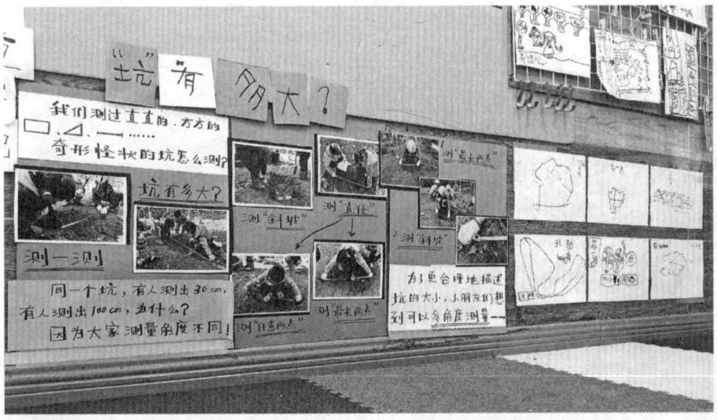

教师和幼儿一起讨论，根据幼儿的已有经验将问题层层分解，分解出多个“支架问题”。“支架问题”化解了复杂问题带来的挑战，为幼儿提供了一种解决问题的思路。同时，教师根据“支架问题”创设相应的测量区，提供丰富的工具和材料，引导幼儿巩固、拓展测量经验，最终将经验运用到泥坑测量活动中。

（二）提供多样化的支持

工程劳动是基于真实问题、在真实情境中展开的，幼儿的探究具有高度的自主性，这就要求教师给予适宜的、多样化的支持。为激发、维持和促进幼儿学习，教师主要从材料、情感、经验与评价这几方面出发，给予幼儿多样化的支持。

1. 材料支持——多样的工具和材料

材料大致可以分为资源性材料和工具性材料。有些材料是幼儿活动时直接操作的对象，是活动的核心资源，而有些材料是工具性的，是为幼儿与核心资源的互动而服务的。例如，在挖泥坑时，泥土和水是资源性材料，而铲子、水桶、耙子是工具性材料。资源性材料和工具性材料在幼儿的活动中具有同等的重要性。

工程劳动是依托丰富多样的材料开展的，工具和材料是幼儿将“理想”转换为“现实”的重要因素。幼儿在活动中反复操作工具或材料，在不断试错的基础上进行深入尝试与探究。所以，教师在活动中需要提供强有力的劳动资料的支持，满足幼儿充分探索的需求。

（1）收集身边的工具与材料

工程劳动中的工具和材料从哪里来？从婴儿能看清周围事物的那一天开始，就没有停止过对周围环境的探索，其中包括对材料的寻觅与探索。因此，在工程劳动中，教师要顺应幼儿的需要，引导幼儿自主收集工具材料。在收集之前，教师可引导幼儿讨论需要哪些工具和材料，并共同设计“工具、材料收集调查表”。随后，幼儿自主收集，再在集体中介绍，以形成对工具和材料的初步认识，并尝试根据其不同的特性对它们进行分类。

案例片段：打造“挖泥坑”工具架

孩子们想要挖一个大泥坑来玩跳泥坑的游戏，他们迅速找来沙池里的挖沙工具来挖泥坑。然而，泥土太硬，挖沙用的塑料工具太软，他们很快就发现这些工具是不合适的。

1. 讨论身边的工具

于是，师幼共同讨论挖泥坑需要什么样的工具和材料。

“我可以把爷爷的大铲子带来，爷爷的大铲子挖泥很厉害！”

“我可以带个水壶，将泥土浇湿就容易挖了！”

“挖掘机可以挖泥坑，它有大大的机械手臂，力气可大了！”

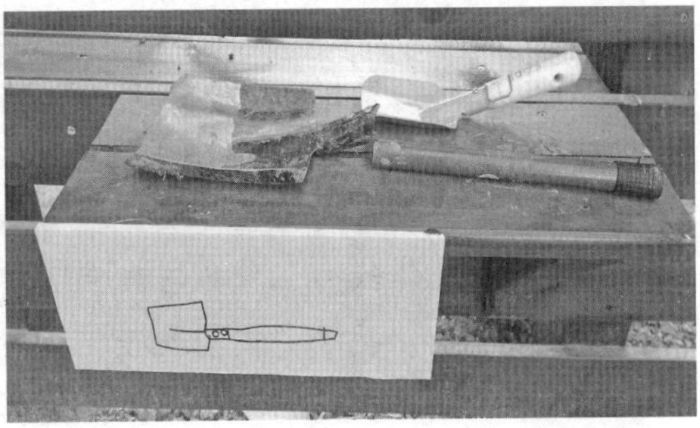

2. 设计“收集工具调查表”

在孩子们的生活中，工具随处可见，那到底要收集什么样的工具呢？

为引导幼儿更有针对性地收集工具，师幼共同设计了“收集工具调查表”。在调查表中，通过“我在哪里收集到的工具？”“这个工具在生活中有什么用？”“挖泥坑时这个工具可以怎么用？”等问题，引导幼儿围绕挖泥坑劳动的需要去收集相应的工具。

3. 打造“挖泥坑”工具架

孩子们收集的工具五花八门，形状、大小各不相同，对其进行分类整理有助于孩子们在劳动中更科学、方便地选用。于是，孩子们又根据工具的不同作用对它们进行分类，并制作、张贴相应的标记，便于后续的整理、归类摆放。

（2）探讨工具与材料的适宜性

不同的工具和材料会对工程劳动的实施产生不同的影响。教师要重视工具或材料的适宜性，从而保障幼儿将计划付诸实践。幼儿在与工具、材料交互作用的过程中，不是被动的使用者，而是结合自身经验的主动选择者和探索者。幼儿在使用工具、材料时增强了对其特性的了解，熟悉了它们的使用方法，并不断优化使用方法。随着活动的推进，一些工具和材料成为“热门”物品，另一些工具、材料逐渐受到冷落。基于此，师幼共同探讨工具、材料的适宜性，在讨论中共同梳理适合幼儿发展水平和工程劳动需要的工具与材料，并建构起相关体系。

案例片段：探究挖泥坑工具的适宜性

耙子、铲子、铁锹、锄头、铁勺、水桶、水壶、水管……这些工具都适合用来挖泥坑吗？随着工程劳动的推进，孩子们对工具的选择有了一定的倾向。此时，教师引导孩子们共同探讨哪些工具更适合挖泥坑。有的孩子倾向于选择铁锹，因为相较于小型的铲子、铁勺，铁锹可以用上腿部的力量，一次挖掘的泥土量更多；有的孩子则倾向于使用耙子，因为耙子可以把泥土挖松。在探讨中，孩子们比较清楚地了解到不同工具在挖泥坑劳动中的优势与劣势。

（3）形成“劳动工具与材料使用清单”

物质材料是幼儿学习的基本条件，对幼儿而言，没有材料就没有真正的学习。幼儿园的活动和幼儿的学习需要特定的物质材料，这些物质材料能使活动顺利进行，满足幼儿的学习需要，并促进幼儿发展。由此可知，幼儿的发展特点决定了他们需要大量的工具和材料，而丰富多样的工具和材料能赋予幼儿更多的学习可能性。

工程劳动中，教师引导幼儿收集、整理、分析工具与材料，将教育目标蕴含在材料中，用材料来引发幼儿一系列有意义的学习，使幼儿的相关经验逐步丰富。为了帮助幼儿对所获得的经验进行梳理，教师引导幼儿尝试为相应的工程劳动项目列出一份适宜的“劳动工具与材料使用清单”，共同讨论这些材料的使用方法。

“挖泥坑”工程劳动工具与材料使用清单

类别	什么工具 / 材料？	有什么本领？	怎么使用？
工具类	短柄铁锹	挖泥、搬运泥土	1. 两手握紧木柄 2. 用力向下铲土，然后将土向上挖起 3. 保持安全距离
	铁耙	松土	1. 两手握紧木柄 2. 用力向下，将齿扣进泥土，主要目的是松土

续表

类别	什么工具 / 材料？	有什么本领？	怎么使用？
工具类	水桶	装泥土、搬运泥土	1. 装泥土 2. 搬运泥土到目的地后倒空
	水壶	湿润泥土	1. 接水 2. 运水 3. 洒水
	卷尺	测量泥坑的大小、深度	1. 确定测量起点和终点 2. 读数 3. 尝试记录
	秤	称泥土的重量	1. 校准“0”刻度 2. 读数 3. 尝试记录
材料类	泥土	将泥土变成泥浆	1. 泥水画 2. 泥塑 3. 跳泥坑
	水	湿润泥土	1. 水管引水 2. 水壶运水 3. 倒水
	砖块	砌围栏	1. 搬运砖块 2. 砌砖
	水泥、黄沙	黏合砖块	1. 搬运到合适的地方 2. 加适量的水，按比例拌成水泥浆 3. 抹水泥浆

2. 情感支持——允许不断试误的心理空间

美国著名教育心理学家桑代克的“试误说”认为：学习的过程是一种渐进的、尝试错误的过程。试误可以引发幼儿的认知冲突，培养幼儿的科学思维，发展幼儿良好的学习品质。因此，教师应该以接纳的态度为幼儿创设允许试误的心理空间，鼓励幼儿充分试误。

案例片段：卷尺测量

当幼儿了解了卷尺的使用和读数方法后，对卷尺测量表现出极大的兴趣。对同一个物体，幼儿测量得出多个不同的数据：30 cm、100 cm、15 cm、20 cm……在幼儿尝试过程中，教师没有急于规定测量的方法，而是鼓励幼儿按照自己的意愿去测量，满足幼儿对测量的兴趣，让其进行充分的尝试。宽松的试误空间、充分的试误过程，让幼儿积累了丰富的测量经验。在试误的基础上，教师再引导幼儿展示自己的测量方法、汇总比较各自的测量数据等，通过分享、交流的形成，更科学、深入地理解测量。

3. 经验支持——多样化活动类型的补充

在工程劳动中，幼儿所要解决的问题来源于真实情境，涉及多个领域的丰富经验，综合运用这些经验，对幼儿来说是一种挑战。当幼儿因为欠缺相关经验而无法解决问题时，教师需要为幼儿提供经验支持，可以通过组织集体教学活动、开展工程劳动区域活动等多样化的方式帮助幼儿获取经验。

（1）集体教学活动：聚焦共同经验的建构

当幼儿在劳动中出现一些共性问题时，教师可以通过集体教学活动有计划、有组织地引导幼儿梳理、归纳，帮助幼儿实现经验的聚焦、碰撞和延展。在集体教学活动中，教师需要鼓励幼儿积极表达，引导幼儿思考，使幼儿丰富有意义的学习经验，促进幼儿经验的建构。

案例片段：管道引水游戏

当 PVC 管遇到沙水游戏，孩子们除了将 PVC 管当作运沙、搭桥、建城堡的工具之外，他们最感兴趣的还是用 PVC 管往沙池里引水。于是教师组织实施了集体教学活动“管道引水游戏”，给幼儿提供相应的支持，帮助他们积累连接管道的经验。活动中，孩子们先尝试制定游戏计划，再有目的地进行管道搭建。小伙伴之

间分工明确，有的负责搬运管道，有的负责连接管道，有的负责调整管道，他们在尝试中不断总结管道连接经验。而小组竞赛的形式不仅促使孩子们加快了连接管道的速度，助推他们积累更多的管道连接技巧，也锻炼了他们的动手能力和团队协作能力。

教师在经验层面给予幼儿的支持是推动幼儿在工程劳动中深度学习的重要方式之一，教师在集体教学中运用了多种支持策略，引导幼儿作为主体积极参与获取新经验的过程。

（2）区域活动：支持个性化经验的积累

区域活动是幼儿按照自己的意愿和能力进行的个别化的自主学习活动，它能满足幼儿个性化的探究需求，支持幼儿个性化的经验积累。在工程劳动中，会出现一些有价值的共性问题，也会因幼儿各自兴趣、能力的不同而产生一些个性化问题。教师可以通过设置适宜的区域活动给予幼儿个性化的帮助，支持幼儿在自主探究中进行个性化经验积累。

案例片段：设计骑行号码牌

在“追风少年”骑行赛的准备过程中，孩子们提出比赛需要运动员号码牌。经过前期调查，孩子们了解到，比赛时不仅运动员身上有号码牌，自行车上也会有对

应的号码牌。他们想要设计专属于自己的号码牌。于是，顺应幼儿的兴趣，师幼共同开展了美工区活动“设计骑行号码牌”，孩子们将骑行赛道的路线、幼儿园的建筑、骑行比赛的场景等元素融入数字号码牌的设计中，创造性地设计出了一组独一无二的骑行号码牌。

4. 评价支持——深度反思与调整推进

评价支持是指利用有效的评价给予幼儿反馈，从而促进幼儿深度反思，推进工程劳动。活动中，教师需要密切关注劳动现场，抓住幼儿有价值的行为表现，给予幼儿及时、清晰的反馈，同时，引导幼儿成为评价主体之一，开展多元化评价活动。

案例片段：自制吸尘器

在“自制吸尘器”工程劳动中，孩子们以解决一个又一个问题为线索，进行螺旋上升式的探究。当孩子们利用废旧风扇改造出“第一代吸尘器”后，他们尝试将风扇面罩与机身用毛根捆绑起来，可这样一来，开启吸尘器后叶片容易被毛根卡住。于是他们又将毛根换成胶带，制作出“第二代吸尘器”。随后，他们发现吸进去的垃圾容易从吸尘器的后部漏出来，于是又给它的前后都加上了集尘罩，形成“第三代吸尘器”。使用过程中，孩子们发现垃圾无法倒出来，于是给后部的集尘罩开了个口子，便于倒出垃圾，“第四代吸尘器”便诞生了。后期，孩子们又根据需要增加了管子，创造出“第五代吸尘器”，这下，连角落里的细小垃圾都能被轻而易举地吸干净啦！

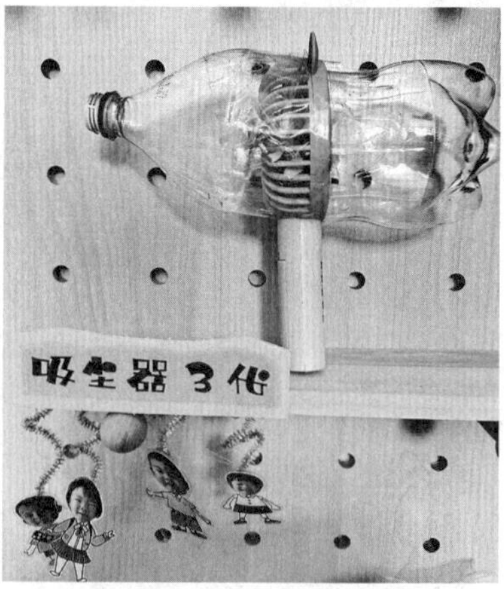

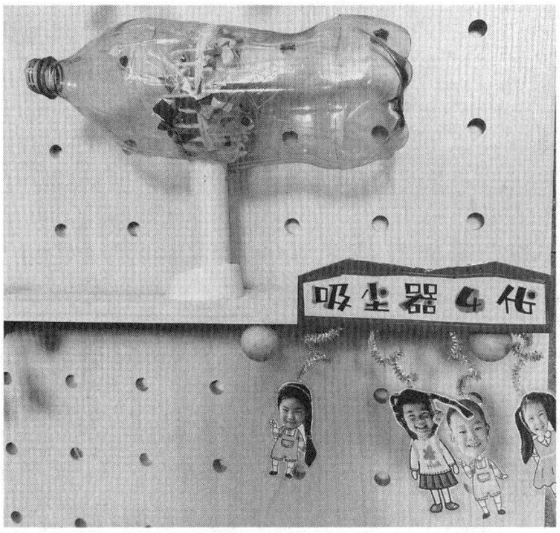

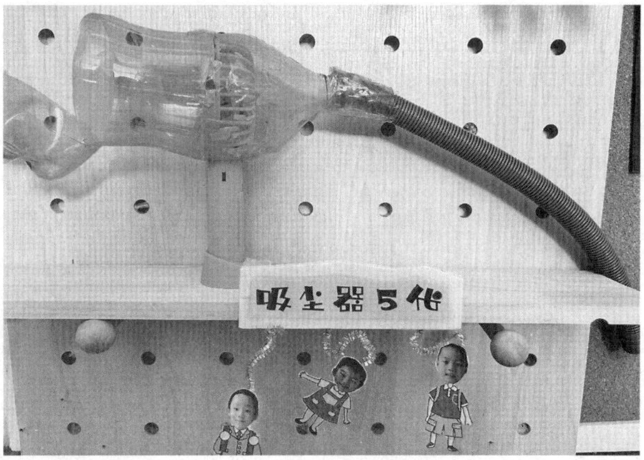

在真实使用吸尘器的情境中，幼儿经历了探究式的学习过程。此时，评价环节扮演着重要角色。教师采用个别化评价、讲解式互评、使用式评价等多种评价方式，鼓励幼儿在互动中积极寻求优化吸尘器的方法。在多样化的评价反馈中，幼儿不断制造出结构更牢、功能更优的吸尘器，展示他们在探究式学习过程中的成长与进步。

评价方式	照片	评价内容
个别化评价		用毛根捆绑固定的方式是否有效？
个别化评价		“第一代吸尘器”能否吸住垃圾？
		吸进去的垃圾是否方便倒出来？

续表

评价方式	照片	评价内容
讲解式评价		通过“项目成果发布会”展示、分享吸尘器，让更多幼儿参与评价，感受吸尘器是否好用。
使用式评价	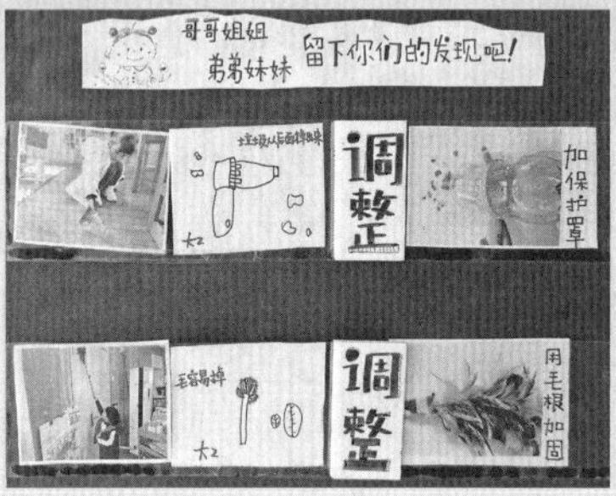	提供吸尘器借用服务，绘制“吸尘器使用方法示意图”，亲身体验吸尘器的功能，进而促进吸尘器的优化。

综上所述，工程劳动中，材料支持让幼儿的探究与学习持续深入；情感支持则与幼儿的学习品质发展密切相关；经验支持聚焦关键经验，引领幼儿向更高水平发展；评价支持则引导幼儿发现问题、深度反思、调整策略。

（三）测试，调整，工程审核

在实地建造阶段，还会进行工程审核，幼儿需要对建造成果进行测试，并做出更好的调整。工程劳动成果的测试与调整方式往往就是将成果直接运用到相应的真实情境中去，在运用中看是否能够达成预期目标，看成果是否还存在需要优化的地方。

案例片段：“移动晾衣架”的测试与调整

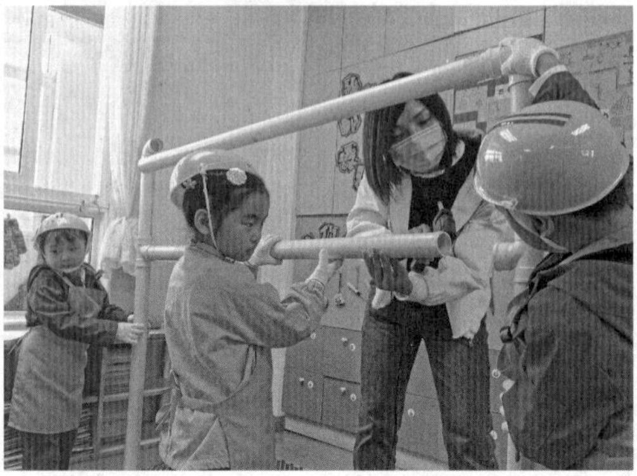

户外活动中，往往没有合适的收纳方法来收纳幼儿脱下来的衣物。由于大家的衣物较多，活动结束后大家还需要花费一定时间去寻找各自的衣物，经常出现衣物拿错或找不到的情况。针对这些实际问题，幼儿决定设计一款移动晾衣架，解决户外运动时衣物的收纳问题。移动晾衣架制作完成了，它可以解决之前的那些问题吗？幼儿展开了对移动晾衣架的测试和调整。

测试后发现的问题一：移动不顺畅。

测试中，幼儿发现晾衣架移动不顺畅原来是轮子的问题，因为之前选择了只能前进后退、不能转向的定向轮，所以在转弯时晾衣架容易因为旋转角度过大而卡顿，甚至倾倒。

调整方案：搭配安装定向轮和万向轮。

师幼共同查阅关于轮子的资料，了解到轮子主要有定向轮和万向轮两种，定向轮只能前进后退，不能转向，而万向轮可以水平360度旋转，将两者搭配使用，可以解决晾衣架移动不顺畅的问题。

搜集各种轮子

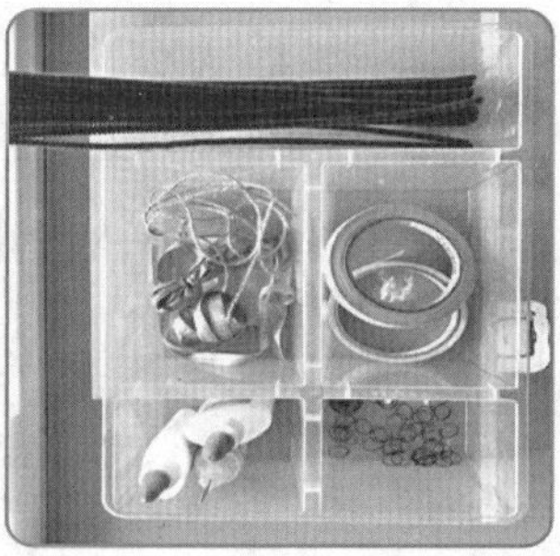

搜集连接材料

最终选择万向轮

测试后发现的问题二：还是找不到衣物。

在测试中，幼儿发现虽然将衣物挂在了晾衣架上，但因为衣物数量多，还是不容易寻找。

调整方案：使用姓名贴做标记。

对这个问题，幼儿迁移以往的经验，想到可以使用姓名贴来做标记，大家按照标记贴来挂放衣物，找的时候又快又准！

测试后发现的问题三：衣架容易被风吹倒。

在测试中，幼儿还发现大风天气里衣架很容易被风吹倒。

调整方案：降低晾衣架的高度。

幼儿想到可以降低晾衣架的高度，即降低重心，它便不容易被吹倒。

在真实情境里运用工程劳动的阶段性成果，就是对其功能进行测试，能让幼儿很快发现问题并及时调整，从而使最终的成果得以正常使用，发挥其预期的作用。我们鼓励幼儿在建造过程中就展开测试与调整，而不是等到完全建好之后再进行测试。

[附]案例：彩虹游戏房①

（一）内容来源

天气越来越热，孩子们在户外游戏时，玩一会儿就热得不行，他们想："有什么办法既能让我们不那么热，又能在外面玩呢？"这个问题激起了他们想要建造户外游戏房的想法。他们结合已有的木工活动经验和对"房屋"的前期调查资料，想通过工程劳动建造属于自己的游戏房，让愿望变成现实。

（二）课程资源

我们相信幼儿的能力，重视工程劳动课程的实施过程。从劳动资源的寻找、搜集，到归类、整理，再到加以利用，每一环节都蕴含着幼儿学习的机会。同时，我们将家庭、社会中的人力、物力直接作为课程资源的一部分，邀请相关专业人员参与项目活动，支持课程资源更好发挥作用。下表是对"彩虹游戏房"工程劳动资源的梳理。

木工工程"彩虹游戏房"资源表

资源类别	具体内容
工具	物质工具：锯子、榔头、钉子、尺子、安全帽、手套等。 心理工具：思考、探究、学习、记忆、迁移、生成等。
材料	1. 宽度、厚薄不同的木材，生活中其他物质材料。 2. 网络资源、幼儿活动照片。 3. 照相机、摄像机、录音笔。
空间	实物空间：木工房专用室、充足的室外场地。 心理空间：充足的探究时间，自由自主。
人力	门卫爷爷、家长，为幼儿提供切割、安装等技术指导，提升幼儿安全防护、正确使用工具的能力。

① 此案例在江苏省第三届 STEM 教育案例评选活动中荣获一等奖。

（三）课程框架

我们采用项目活动的方式推进工程劳动，让幼儿带着兴趣、带着计划、带着任务解决一个个问题，在“彩虹游戏房”的建造中主动学习、乐于探索、互相分享。以下为预设的课程框架图。

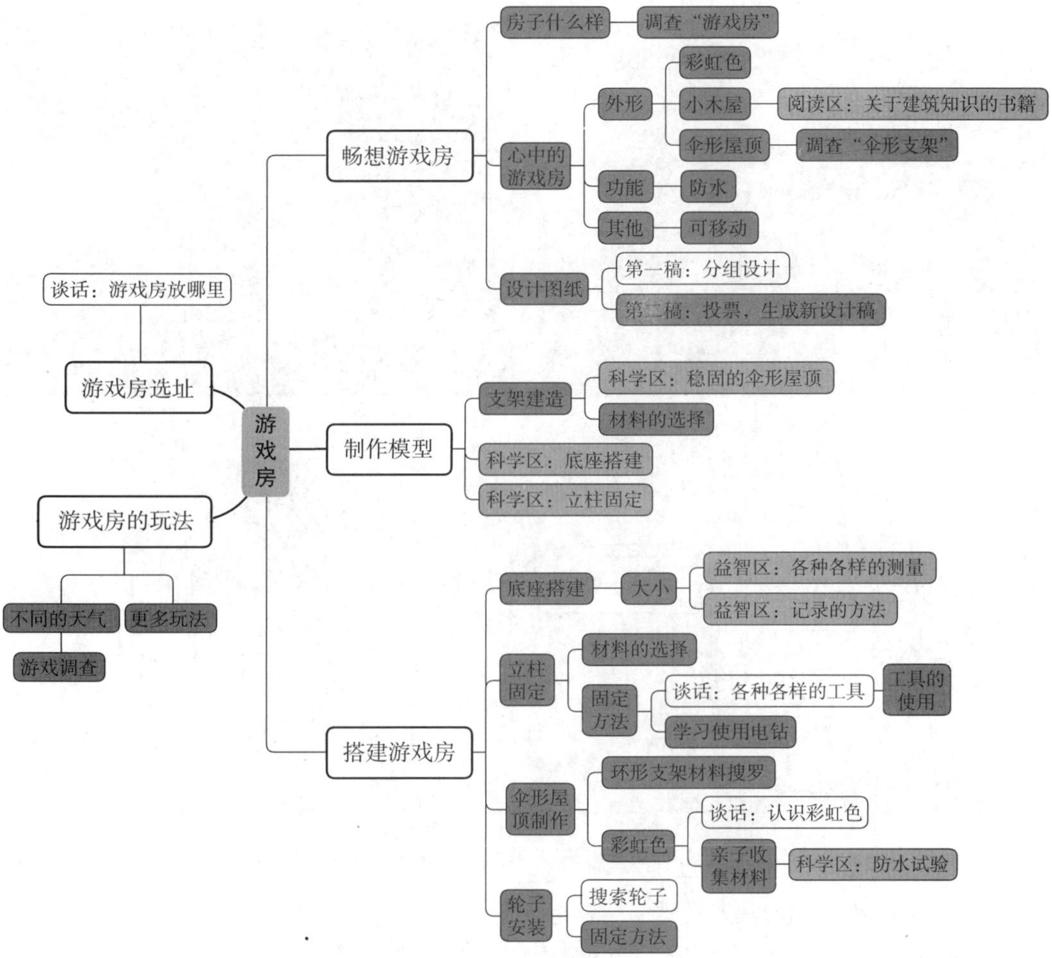

“彩虹游戏房”工程劳动课程框架

（四）案例呈现

1. 畅想“彩虹游戏房”，设计图纸——兴趣引发工程劳动项目

围绕“造一间怎样的游戏房”，孩子们展开了激烈的讨论：“我喜欢彩色的。”“对，彩虹一样的。”“像森林里的小木屋一样的。”“有着伞一样的屋顶。”“下雨天也能在外面玩。”“它能移来移去。”……原来他们想要一座有彩虹色的屋顶、可以移动的小木屋。

为了丰富伞形屋顶建构经验，孩子们就“伞”这个话题展开了分组讨论。在仔细的观察和比较中，他们发现伞的骨架可以是八根，也可以是六根，他们还通过上网查阅资料发现伞的类型也多种多样。接着，大家着手画设计稿，每一组都按着自己的想法大胆绘制。最后，大家一起讨论，结合每一组的设计稿，投票选出了彩虹游戏房各部位最合适的稿样，再整合成一份新设计稿。

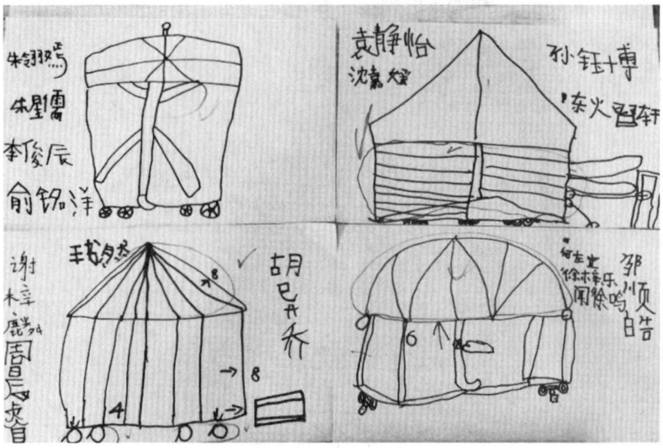

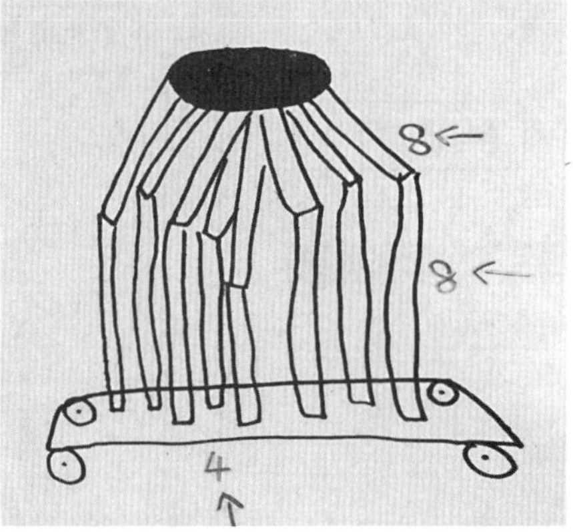

在这个过程中，幼儿通过不断调整、完善，绘制出最终的设计稿，丰富、拓展了对伞形屋顶及立体房屋的经验。教师通过倾听想法、材料支持、对比式引导等策略支持幼儿发现与交流，让他们离设想中的“彩虹游戏房”更近了。

2. 组建小分队，制作模型——利用“支架”解决建造难点

要造一座真正能让孩子们玩起来的房子，那可有点难啊！我提议：先试着造一个房屋模型。孩子们同意。说干就干！乔乔说：“我们可以用小木棒来做模型。”于是小伙伴们找来了材料，用创意泥进行固定，眼看就要成功了，模型突然倒塌了。通过讨论，孩子们发现三个问题：①创意泥不适合用来固定小木棒。②从上方开始建造的房屋容易倒塌。③不知道怎样建造出伞形屋顶并将其固定。

他们从失败中吸取了经验，从底部开始建造房屋模型。很快，方形的底部完成了，孩子们开始造伞形屋顶。他们找来环形积木做顶，可是小木棒怎样像伞形支架

一样向外撑开？我引导他们仔细观察、反复尝试。他们发现将三角形积木粘贴在环形积木周边，然后将小木棒粘贴在三角形积木上最合适。可问题又来了，伞形屋顶8条边，底座4条边，两者怎样对接固定？乔乔在随意摆放时发现将两个方形交错叠放就能变出八角形，每个角刚好能与屋顶的8条边对接起来，孩子们灵感闪现，利用方形积木帮助固定立柱和底座，这下，房屋模型终于做好啦！

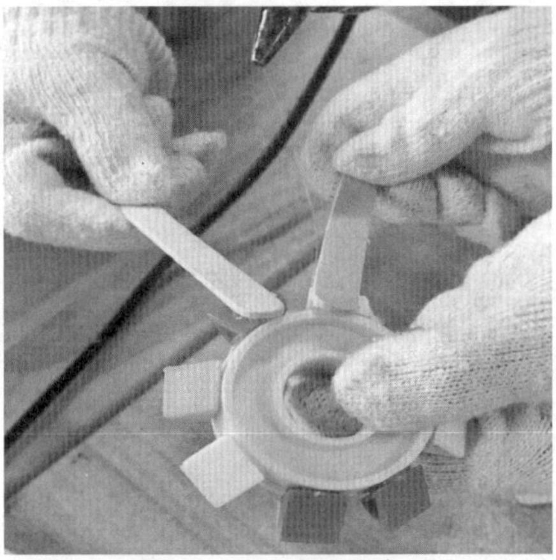

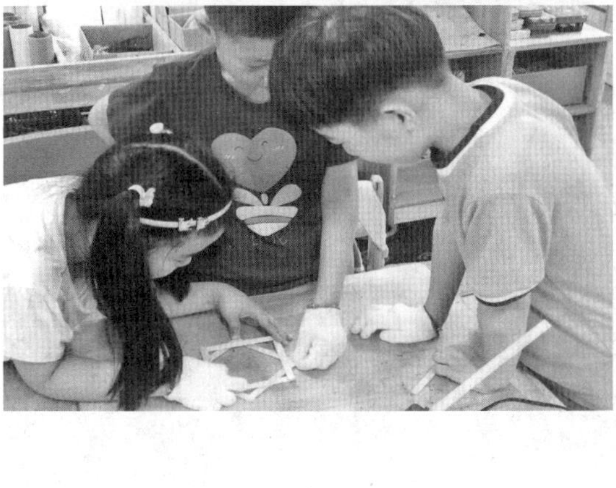

在这个探究过程中，幼儿能自主发现问题、解决问题，聚焦难点进行持续探究，积累了很多经验。而教师是共同探究者，接纳幼儿的想法，以模型搭建策略为幼儿的探究提供“支架”。

3. 分工合作，搭建游戏房——持续探究，助推工程发展

（1）底座的搭建

有了制作模型的经验，孩子们开始建造真正的游戏房了！他们首先想到去木工房寻找合适的工具和材料建造底座。孩子们通过用尺测量、记录数据、用锯子切割，得到了 8 根一样长的木板，再将其组装成底座。

（2）立柱的固定

底座做好后，孩子们开始固定立柱，但此时他们遇到了困难：垂直钉，使不上力，举起来钉，木板不能固定。有没有什么材料可以帮助固定呢？孩子们带着问题，又开始四处寻找。乔乔在玩具车上找到了 L 形零件，可是零件太小，不适合。

他脑中一直思考着这个问题，偶然发现了家中门上的L形铰链，于是让爸爸帮忙购买了一副，并将其带到幼儿园。接下来，孩子们用手摇钻来打孔，再用螺丝来固定铰链。这个过程实在是太累人了，他们就用“新武器”电钻来帮忙。这下大家来劲了，抢着来做固定工作，劳动速度明显提高。

（3）伞形屋顶的制作

现在，就差伞形屋顶了。对孩子们来说，这可是整个建造工程中的难点。他们取来模型，仔细研究。模型的屋顶是环形的，那么游戏房的屋顶可以用什么材料来做呢？孩子们进行“材料大搜罗”：有的找到了硬纸板，可没办法固定；有的找来木桩，可是太重了，会倒塌……正当孩子们束手无策的时候，乔乔盯上了家中的塑料桶，在爸爸的帮助下，从塑料桶上切割下来一个塑料环。

怎么将塑料环和木条连接起来，完成伞形屋顶的建造呢？这时候，孩子们再次取来模型做对照。大家一下子就想到可以用建构区的大三角形积木。在门卫爷爷的帮助下，他们用手枪钻打孔、用螺杆连接，伞形屋顶终于完成啦！

当孩子们把游戏房的各个部位组装起来的时候，突然发现：“房子太大了！”“不行，不行，这样房子搬不出去啦！”睿睿大喊起来。于是大家一起商量，分配任务，然后各自扛着房子的各个部件，带上工具，直奔户外。

（4）滚轮和彩虹屋顶的制作

在大家的合作下，游戏房完成了。但孩子们还不满意，他们的愿望是造一座会移动的、像彩虹一样的房子啊。孩子们再次行动起来。他们找来滑板车，取下其轮子，固定在底座上，接着用L形铰链连接立柱和底座，他们还用彩色透明膜制作屋顶——有的孩子站在梯子上按住透明膜，有的孩子钉膜——最后，孩子们心目中的游戏房终于竣工啦！他们迫不及待地钻进彩虹游戏房玩起来。

在使用真实材料建造游戏房的过程中，幼儿多次对比房屋模型，探索底座、立柱、屋顶的连接方式，自主寻求解决问题的方法，他们能有效运用、拓展经验，并在观察、实践、探究中选择适宜的方法和材料来搭建，面对问题与挑战，他们愿意不断尝试，靠自己的行动和力量把游戏房从想象转变为现实。

本工程劳动中，从建构模型到形成真实的劳动成果，幼儿的经验及教师的指导策略如下：

房屋部位	模型中的材料	真实成果中的材料	幼儿的经验	教师的策略
屋顶	塑料环形积木 	塑料桶切成的圆环 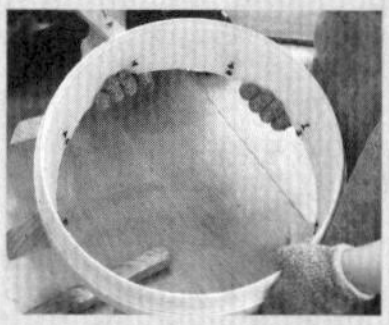	木材和硬纸板都不适合；环形的物体能用来固定；需要连接的部位除了顶部，还有侧面。	鼓励幼儿寻找生活中的材料；允许幼儿试错。
屋顶支架的连接材料	塑料三角形积木 	木质大三角形积木 	在连接处可以使用三角形材料；观察、对比不同的材料；掌握了多种连接方法。	支持幼儿观察、对比；给幼儿提供多种材料，让幼儿反复尝试。
立柱和底座的连接材料	方形塑料积木 	L形角码 	知道可以使用L形角码来固定不同方向的物体；学会了手枪钻的使用方法；知道寻求家长的帮助。	引导幼儿观察生活现象，讨论、迁移新方法；鼓励幼儿寻找更简便的方法；指导幼儿寻求门卫师傅、家长的帮助。
八角形底座	小木棒 	木条 	会测量并截取相同长度的木条，会使用锯子切割；知道四边形的连接方式；发现四边形重叠摆放可以变出八边形。	提供多种测量、切割工具；鼓励幼儿收集开放的、自然的材料，并多次尝试、操作；肯定、赞赏幼儿的行为。

回顾整个课程推进的过程，幼儿的身体、情感和思维都是活跃的，充满了为自己更好的游戏环境而创造的热情。教师和幼儿始终保持“持续的共同思考”，以提供“支架”、观察等待、提问交流等策略，引导幼儿进行更持续与深入的探究，以开放的材料和资源赋予幼儿更多的探究空间，触发多样化经验的获得。教师在项目实施前预估了幼儿可能获得的经验，但幼儿实际获得的经验更多。

工程劳动“彩虹游戏房”中幼儿的经验

<table>
<tr><th>领域</th><th>幼儿可能获得的经验</th><th>幼儿实际获得的经验</th></tr>
<tr><td rowspan="3">健康</td><td>积极参与材料收集等劳动。</td><td>积极参与材料收集、搬运等劳动。</td></tr>
<tr><td rowspan="2">遇到困难能坚持，不怕难，不怕累。</td><td>坚持到底，不怕难，不怕累。</td></tr>
<tr><td>正确使用各种工具，知道保护自己的简单方法，如：锯木条时做好防护措施、正确使用电钻等。</td></tr>
<tr><td rowspan="3">语言</td><td>愿意和同伴分享自己的设想。</td><td>在讨论中能大胆讲述自己喜欢的游戏房造型，并说明理由。</td></tr>
<tr><td rowspan="2">乐意在集体中介绍自己的游戏房设计图。</td><td>乐意在集体中分享自己的设计图。</td></tr>
<tr><td>总结自己获得的经验，并在集体中表达这些经验。</td></tr>
<tr><td rowspan="4">社会</td><td>感受搭建游戏房的乐趣。</td><td>感受搭建游戏房的乐趣。</td></tr>
<tr><td rowspan="3">能和同伴分工合作，遇到困难积极动脑解决问题。</td><td>乐于在活动中分享自己的经验。</td></tr>
<tr><td>能认真负责地完成自己接受的每项任务，如搬运木板、锯木条、钉钉子、钻孔、测量等。</td></tr>
<tr><td>能和同伴分工合作，遇到困难积极动脑。</td></tr>
<tr><td rowspan="6">科学</td><td rowspan="2">通过搜集资料，对游戏房的具体形态、结构、功能有初步的了解。</td><td>基于搜集的资料，对游戏房的具体形态、结构、功能有初步的了解。</td></tr>
<tr><td>尝试用各种工具搭建游戏房。</td></tr>
<tr><td>尝试用各种材料搭建游戏房。</td><td>通过搭建、对比，探索屋顶、立柱、底座的连接方法。</td></tr>
<tr><td>尝试用数字、绘图等方式记录自己的操作发现。</td><td>尝试用数字、图画等方式记录自己锯的木条的长短。</td></tr>
<tr><td rowspan="2">在观察、比较、操作、实验中学会发现问题、分析问题和解决问题。</td><td>能够通过观察、比较分析影响游戏房稳固性的条件。</td></tr>
<tr><td>能够画出游戏房的简单图纸。</td></tr>
<tr><td rowspan="2">技术</td><td rowspan="2">能根据自己的目的选择适宜的材料建构游戏房（屋顶、立柱、底座）。</td><td>能根据自己的目的选择适宜的材料建构游戏房（屋顶、立柱、底座）。</td></tr>
<tr><td>能运用各种工具，将积木、木板、塑料膜等材料连接起来。</td></tr>
<tr><td rowspan="2">工程</td><td rowspan="2">能根据设计图和小模型搭建游戏房。</td><td>尝试设计游戏房，会制定计划，并能按照步骤制作。</td></tr>
<tr><td>能根据设计图和小模型搭建游戏房。</td></tr>
</table>

关于游戏房的工程劳动并未真正结束，而是一个全新的开始，孩子们还想设计更多不同功能的游戏房，因此，有更多的课程资源等待我们去挖掘。我们将继续以“劳”创“新”，引导孩子们通过劳动创造美好未来！

第三节
工程劳动课程的结束

一、工程劳动成果投入使用

幼儿园的工程劳动源于幼儿的生活、游戏以及他们所接触到的自然。幼儿经历了聚焦问题、自主探究、设计图纸、建造模型、实地建造、测试改进等一系列劳动，获得了相应的劳动成果。工程劳动结束后，其劳动成果又将用来解决生活、游戏、自然中的真实问题。

1. 工程劳动成果运用于幼儿的生活

教师引导幼儿聚焦生活中的真实问题开展工程劳动，用劳动成果使生活更加舒适、便利。例如：炎炎夏日，为了让大家有一片阴凉地而建造遮阳棚；新冠疫情防控期间，为解决幼儿独立入园时运送被子的问题而制造恐龙运被拖车；草坪养护时节，为保护草坪而建造草坪护栏等。这些工程劳动成果都在幼儿生活中投入使用了。

2. 工程劳动成果运用于幼儿的游戏

幼儿在玩水的时候想要造一艘“漂浮船”，再造一个能运水的水车；在动画片里“跳泥坑”游戏的启发下，想到也要在幼儿园挖一个大泥坑；在搬砖劳动中，想到要建造一个工程车“停车场”。这些都是生发于幼儿游戏的工程劳动内容，相应的成果完成后，被投放到幼儿的游戏中。

漂浮船造好啦！孩子们迫不及待地上船试水航行。在划桨时，他们发现船似乎不听他们的使唤，要使其向前，船偏偏往后。看来，船桨控制不了这艘船，这是为什么呢？对此，孩子们展开讨论：“我们要往同一个方向划。”“要用力划！”……

在多次尝试之后，孩子们终于明白：想要船往前行，船桨要向后划，而想要船往后退，船桨要向前划，而且大家划桨的方向要一致，这样船才能顺利航行。

3. 工程劳动成果运用于自然中

幼儿园里的自然资源比较丰富，竹林、玩沙池、种植园地等都是幼儿非常喜欢的地方。一日生活中，幼儿有很多机会去户外探索，因此也收获了很多相关的工程劳动成果。例如：自然游戏中，幼儿建造落叶池，与落叶玩游戏。饲养活动中，幼儿搭建竹林栅栏、竹林鸡舍，饲养的小鸡小鸭再也不会逃跑了。种植活动中，幼儿制造工具架，就有了收纳工具的地方，方便大家随时取放工具；大家还搭建暖棚，帮助植物过冬；往菜园引水，使浇水变得更加好玩；搭建菜园栅栏，防止小伙伴散步时踩到心爱的植物；挖水渠，种植水生植物等。

二、工程劳动成果的展示与推广

对幼儿而言，和同伴分享劳动成果是很重要的，幼儿的表达过程既是对以往经验的回顾，也是对经验的反思、梳理和提炼，他们可以通过这个过程自我评估，并思考可以从哪些方面来完善作品，逐步形成工程思维。

（一）幼儿园工程劳动成果发布会

工程劳动结束之后，幼儿园会举行工程劳动成果发布会，让幼儿结合照片或视频讲述他们的工程劳动故事。这不是徒有热闹的表面形式，而是关注幼儿经验，鼓励幼儿表达经验、共享经验的平台。当一群有着共同目标和任务的孩子一起经历了合作协商、实地建造等活动，向大家介绍他们的工程劳动过程时，是多么好的同伴学习机会——他们将劳动成果共享给更多幼儿，使在场有着共同经历的幼儿的心灵同频共振，经验得到拓展。

"小小工程队工程劳动成果发布会"方案

一、活动意图

为期一个多月的工程劳动活动已经接近尾声，在这段时间里，小小工程队员们积极动脑、大胆思考、动手实践，逐渐收获了各具特色的工程劳动成果。为了给幼儿充分展示的机会，鼓励他们锻炼大胆表达的能力，进一步激发幼儿对工程劳动的喜爱，让更多的幼儿了解其他班级的工程劳动，特举行本次成果发布会，由小小工程队员们介绍在工程劳动开展过程中有趣的发现，投票选出自己最喜欢的工程劳动成果。

二、活动时间与地点

活动时间：× 月 × 日（中班工程劳动成果发布会专场）

× 月 × 日（大班工程劳动成果发布会专场）

活动地点：多功能厅

三、活动准备

1. 策划小组准备

（1）场地安排：摆放好椅子（注意间距）

（2）插班牌的三角立柱、奖状

（3）PPT 背景图、音乐

（4）投票柱、投票积木

（5）一位教师在舞台前方全程录制发布会内容，一位教师负责摄影，各班教师近景录制本班幼儿介绍工程劳动成果的过程

（6）一块黑板和一张记录纸，幼儿代表负责统计、记录、汇报各班工程劳动成果得票数据

2. 班级准备

（1）各班制作的工程劳动成果介绍 PPT、视频

（2）提前将作品搬到舞台处准备（没办法移动的除外）

（3）各工程劳动项目名称牌，提前放在班级座位前

四、活动过程

1. 开场讲话。

主持人：小朋友们，欢迎来到小小工程队工程劳动成果发布会现场！经过一段时间的施工，小小工程队已经完成各自的劳动任务啦！在这段时间里，每个工程队队员都大显身手，出色地完成了不同的劳动任务。今天，我们就来分享一下大家的劳动成果！

2. 各班依次介绍，结合 PPT、视频等回顾劳动过程。每介绍完一个内容，主持人进行简短的采访。

3. 幼儿进行投票，选出最喜欢的工程劳动成果。

主持人：听完了这几个班级的工程劳动故事，你最喜欢哪一个班级的工程劳动成果呢？小朋友们请看，舞台上放着五个投票柱，上面贴着班级名称，你喜欢哪个班级的工程劳动成果，就把你手中的积木放进哪个投票柱。

4. 统计票数，评出奖项。中班幼儿需要主持人协助清点票数，大班幼儿可以尝试自主清点票数，一位教师协助幼儿在黑板上记录班级和相对应的票数，主持人现场公布结果。依次评选出“最受欢迎奖”“最佳创意奖”“最佳设计奖”“最实用奖”“最具潜力奖”等。

“小小工程队”劳动成果发布会

（二）班级工程劳动成果的展示与推广

除了全园组织工程劳动成果发布会，各班也可以通过多种方式个性化地推广自己班的工程劳动成果，其中包括绘制工程劳动大书等。

1. 绘制工程劳动大书

工程劳动过程中，幼儿积累了很多经验，为了记录幼儿劳动的进展和探究过程，我们一改以往固定在墙上的环境呈现方式，提倡教师带领幼儿做可移动的、可取下的环境展示材料。幼儿在教师的帮助下，用图画、对话框、设计图、照片、录音、二维码等方式，记录自己的探究过程，教师及时装订这些素材，汇集成一本课程大书，幼儿可以随时翻阅、交流。这样做，就是让幼儿的学习经验“看得见”。

月亮池塘
建造记

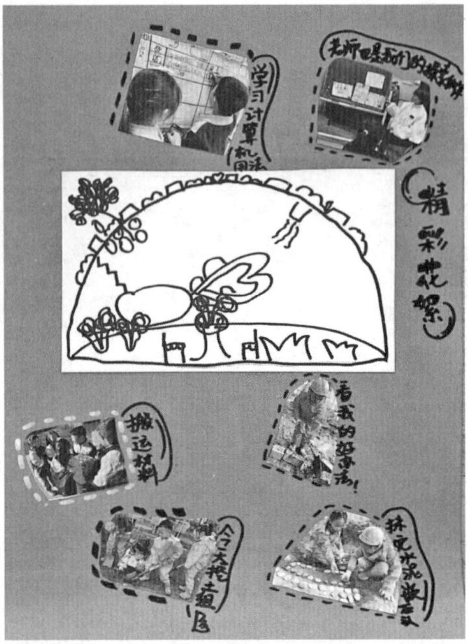
精彩花絮
搬运材料

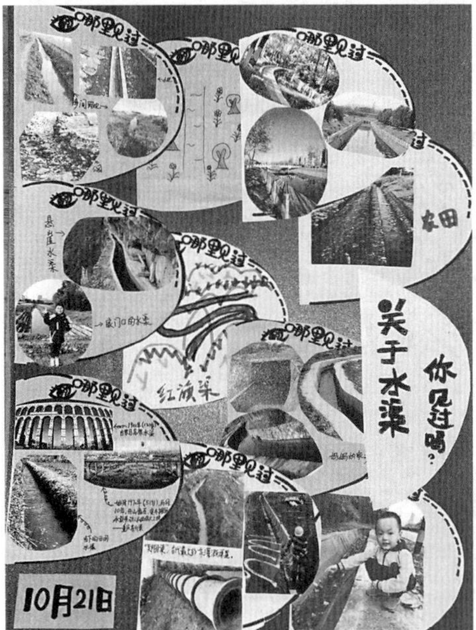
哪里见过
农田
关于水渠
你见过吗?
10月21日

挖土 注意什么?
2021 2

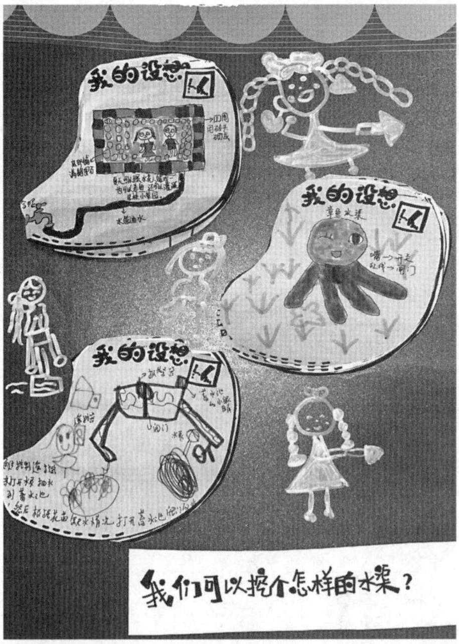
我的设想
我的设想
我的设想
我们可以挖个怎样的水渠？

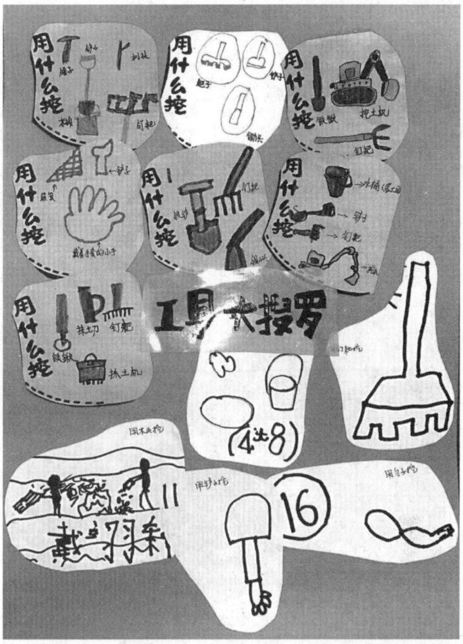
用什么挖
用什么挖
用什么挖
用什么挖
用什么挖
用什么挖
用什么挖
(4+8)
16

泥地初探
10月25日
VS

土质小实验
怎么做实验？
土的类型
（砂土）
（黏土）
（壤土）
「装」
两块地里取回的不同的泥土
「贴」
上不同颜色的标记
「灌」
相同高度的水
「摇」
用力摇晃
静置6-10小时

更多工程劳动大书

2. 班级个性化的推广活动

工程劳动结束后，幼儿的劳动成果在生活中得以运用，并且其运用的范围往往会不断扩大——从班级延伸到家庭，从不同年龄段幼儿使用拓展为全园师幼共享。随着成果使用范围的扩大，新的学习内容和经验不断生发：设计宣传单、商量宣讲内容、练习宣讲、设计宣讲路线、制作“借用卡”、制定“使用公约”等。一系列个性化的班级推广活动，让幼儿的劳动成果得以创造性地、有效地运用于幼儿的生活，使幼儿觉得自己是有能力的学习者。

班级工程劳动成果推广使用情况（部分）

班级工程劳动成果	使用范围	生发的学习内容
计时沙漏	班级自主点心区 班级区域游戏	将不同计时时长的沙漏运用到游戏和生活中的多个环节
小拖把	班级自我服务劳动 家庭劳动	亲子制作小拖把 参与家庭劳动
恐龙运被拖车	年级组其他班级 （轮流借用）	设计宣传单 竞选宣讲员 设计“借用卡”
公园长椅 移动晾衣架 夏日遮阳棚	全园	制定“使用公约”

例如，可折叠的“恐龙运被拖车”开始投入使用。孩子们并不满足于在自己的班里使用，还想邀请更多小伙伴来使用。于是，他们制作海报、邀请函，推选拖车介绍员，设计“拖车使用安排表”，邀请更多的人来体验自己的劳动成果。劳动成果的宣传推广，让孩子们深深感受到成功感。

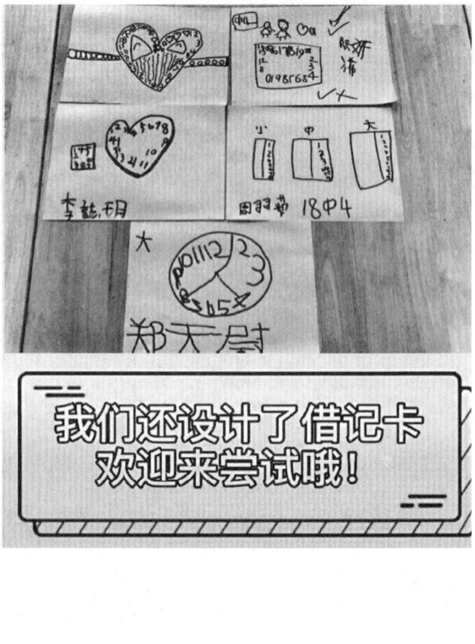

工程劳动的结束虽然是一个话题的结束，但教师与幼儿一起回顾、评价、反思，使幼儿与课程之间建立起有效链接，幼儿在情境迁移和问题解决过程中，经验不断进行重组、改造、深化。在这些实践过程中，幼儿彰显出来的好奇心、求知欲、学习力是我们所期待的未来公民必须具备的学习品质与基本素养。

[附]案例：建造月亮湾池塘——让劳动计划引领幼儿成长①

（一）内容来源

雨后的小菜园里，孩子们爬上枯木桩踩水，好不快乐。大家边玩边畅想：如果能在这里挖一个池塘，肯定更好玩！

（二）案例呈现

说干就干！现场勘察后，孩子们根据地形画出了“月亮湾池塘”的设计图。

开工那天，孩子们沉浸在各自的劳动中。可一连几天，地面都是这般模样，工程没有进展，孩子们似乎忘记建造池塘的想法了。

① 此案例在2022年度无锡市幼儿园“在自然中学习”案例比赛中荣获一等奖。

集体分享时，大家发现了这个问题：“这样不行，不能各干各的。”“那么，你们要做哪些事情？由谁来做？怎么做？忘记了怎么办？”我提出了这些关键问题。有了前期经验，孩子们纷纷表达自己的想法：“跟伙伴一起商量。”“小组合作。”“把要做的事情记录下来。”

自由讨论中，孩子们萌生了制定计划的想法。制定计划是幼儿对活动进行提前的安排和预想，这个环节有助于支持幼儿进行有目的的实践，发展幼儿的计划、决策和行动能力，丰富幼儿自主管理的体验。

教师感悟：

幼儿的计划往往流于形式，他们被安排做计划，却不理解为什么做计划、如何做计划，计划形同虚设，不是为幼儿服务的，更不是幼儿真正需要的。那我期待的计划是什么样子的呢？一定是教师站在儿童立场上，把做计划的权利还给幼儿，放慢脚步，静心感受，支持幼儿在真实场域中进行积极的经验建构，让零散的经验向下扎根、生长，从而发展幼儿的规划能力和自主管理能力。而最重要的一点，是希望孩子们能够在学习与游戏中真正感受到计划为自己的生活带来的推动力量。

1. 制定计划，通过讨论形成计划

我给予孩子们充分的自主权，鼓励大家自主尝试制定计划，再进行集体分享。

分享时，孩子达成共识：计划中要包含“劳动时间”，要让大家知道什么时候去做；要有“劳动任务”，让大家知道干什么；还要有“参加人员”和“工具选择”等内容。有了这些要素，一个完整的计划就初步形成了。

教师感悟：

在思维碰撞中，师幼共同确定工程劳动计划的要素，逐步形成计划蓝图。但制定计划仅仅是一个起点，只是帮助幼儿初步形成做计划的意识，使幼儿明白计划是对接下来的行动的指导；能不能使计划发挥作用，需要到实践中去检验。

在工程推进过程中，因时间有限，教师通常无法一一询问幼儿对计划的落实情况。那么如何引导每个幼儿关注自己的劳动计划，方便幼儿及时呈现、查看计划呢？班级“计划墙”应需而生：班级各小组派出代表，将本组的工程劳动计划提交给老师，师幼共同将计划进行分类组合，粘贴成班级工程劳动计划表。这个环节，综合运用绘画表征与交流分享的方式，帮助幼儿及时、持续地制定计划。在劳动前，大家可以先查看计划再行动，使劳动更有针对性。

2. 执行计划，付诸行动落实计划

如大家所愿，计划开始进入执行阶段。突然，一名挖掘组成员大声喊起来：“我挖到宝贝了！”喊声吸引了浇水组的轩轩：“什么宝贝？我也来挖！”一时间，大家都沉浸在挖“宝贝”的快乐中。

一天的工程劳动结束后，几个小组进行了分享：搬砖组完成了预定计划，大家都表示很满意，一致决定用“√”表示任务完成；挖掘组遇到了大石块没办法挖出的新问题，用“？”来表示；而浇水组在劳动中途被“宝贝”吸引，没能及时完成劳动计划，大家商讨后，用“△”表示浇水组当天的任务完成情况。

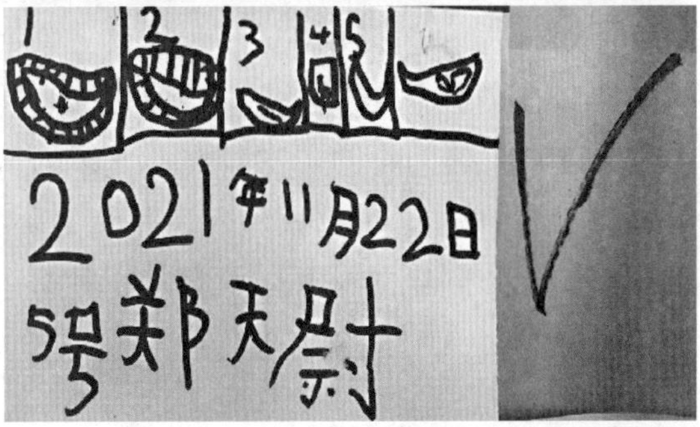

执行计划是将书面计划落实到行动中的关键步骤，也是幼儿监控计划完成情况的过程。不管任务完成得好还是差，幼儿都可以用自己喜欢的标记去表示任务的进度。行动中，幼儿除了关注自身的行为之外，还能察觉到其他成员的行为是否偏离了团队计划。

随着幼儿做计划的需要，“计划墙”上新增了“完成情况”栏，大家能够随时将自己的行动目标和劳动结果进行对照，并对当天的成果做简单分析。这一系列的思考与操作，逐渐增强了师幼之间的沟通与互动，使“计划墙”发挥了对工程进度的督促作用。

问题也随之而来：计划中，“完成情况”一栏，显示出大家行动后的结果各不相同，如何让那些简单的标记更有效地支持没有完成计划任务的幼儿，帮助他们更好地调整与优化自己的工作呢？

3. 回顾计划，整合零散经验

不出我们所料，没过多久，工程就遇到了困难。一起寻找原因后，孩子们表示：“都怪挖掘组太慢！”挖掘组的成员可不服气：“我们已经制定了计划，也执行了计划，这不能怪我们！”我提议大家回顾挖掘组的计划和行动，一起帮忙找找问题究竟在哪里。

通过对关键问题的再次聚焦，孩子们从争辩谁对谁错转而谋求共同解决问题：计划单上只画了挖掘任务，缺少装土、运土的任务；挖土时都挤在一起，影响了挖掘速度；计划单上没有画清楚谁干什么，有时不知道自己要干什么……

教师感悟：

幼儿在执行计划的过程中遇到分歧，这是一个引导幼儿改进计划的良好契机。我引导幼儿回顾计划和行动，给予幼儿充分的学习与辨析空间。同伴间的交流互动有助于幼儿自主发现问题。这既帮助幼儿提升做计划的经验，是幼儿的一次共同成长，也是幼儿整合自身零散经验的一次良机。

4. 调整计划，纵向深入成为“支架”

“你们有什么好办法可以解决这些问题呢？”我再次运用有效提问引导幼儿寻找解决问题的办法。有了前期经验，孩子们开始从计划制定的角度思考问题，纷纷出谋划策。很快，展示墙上新增了“反思”栏和“调整”栏，幼儿的计划正向深层次延伸。在与劳动计划的互动中，幼儿逐渐理解计划不是一蹴而就的，计划是可以根据实际情况灵活调整、不断完善的。

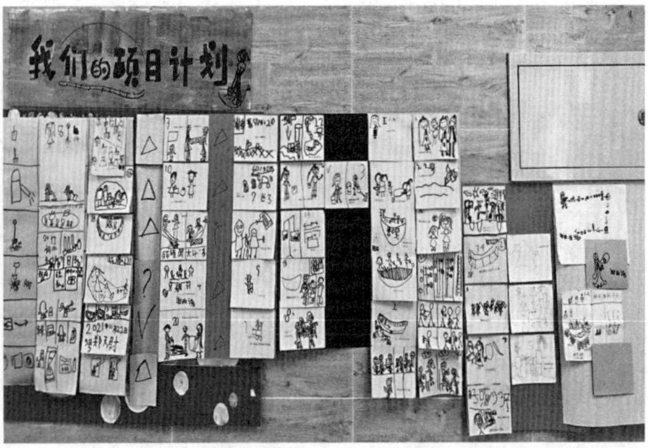

教师感悟：

这一阶段，我引导幼儿将计划制定、行动实践和活动反思有效联系起来，重点发展幼儿的归因推理能力。劳动计划的作用则指向帮助幼儿对自己的行动过程进行反思和评价。

回顾课程，我明白，池塘的建成已不是我们所追求的学习结果。孩子们呈现的“劳动计划”，是丰富的课程实践中的一个缩影。在我和幼儿共构的学习空间里，我学会利用“计划”推动孩子们的经验向纵深发展。

现在，我班孩子们正乐此不疲地对自己的一日生活进行各种计划：游戏前，他们会有意识地拿起计划本，计划自己今天在区域里做什么、用什么材料等；在家里，也会自主设计“活动计划安排表”。至此，有关“做计划”的一系列延伸活动呈现出开放、弹性、支持的实践样态。而这种样态带给幼儿的是其生活状态的转变，他们变得更加投入、喜悦、自主。我想，当幼儿按自己的兴趣有依据地选择，按自己的意志有根据地判断与决策时，当幼儿在自由地游戏、表达、想象、创造时，在运用自己的知识与经验解决生活与学习中的问题，运用自己的智慧与双手改造自身、同伴的学习环境时，课程就在实施，幼儿的学习与发展目标就在实践的量变中实现了质变与蝶变。

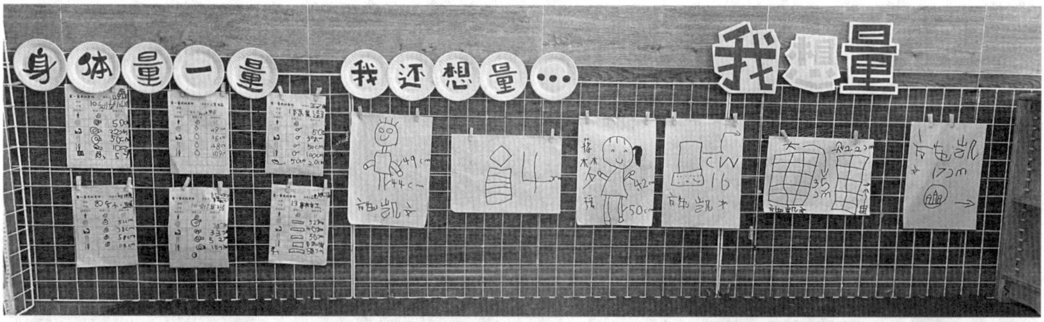

（三）课程框架

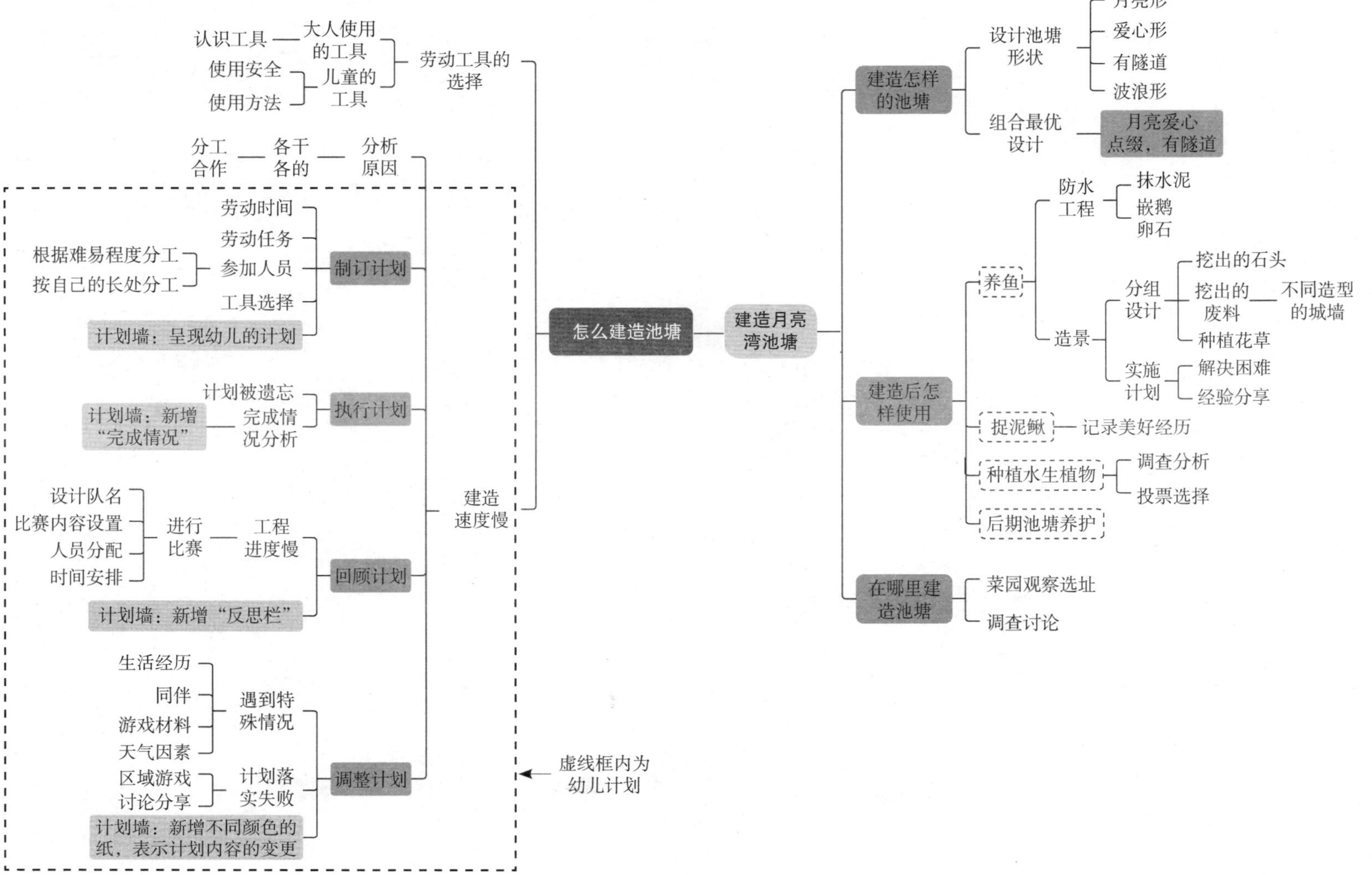
怎么建造池塘
建造月亮湾池塘
建造怎样的池塘
设计池塘形状
月亮形
爱心形
有隧道
波浪形
组合最优设计
月亮爱心点缀，有隧道
建造后怎样使用
养鱼
防水工程
抹水泥
嵌鹅卵石
造景
分组设计
挖出的石头
挖出的废料
不同造型的城墙
种植花草
实施计划
解决困难
经验分享
捉泥鳅
记录美好经历
种植水生植物
调查分析
投票选择
后期池塘养护
在哪里建造池塘
菜园观察选址
调查讨论
劳动工具的选择
认识工具
大人使用的工具
使用安全
使用方法
儿童的工具
建造速度慢
分析原因
各干各的
分工合作
制订计划
劳动时间
劳动任务
参加人员
根据难易程度分工
按自己的长处分工
工具选择
计划墙：呈现幼儿的计划
执行计划
计划被遗忘
完成情况分析
计划墙：新增“完成情况”
回顾计划
工程进度慢
进行比赛
设计队名
比赛内容设置
人员分配
时间安排
计划墙：新增“反思栏”
调整计划
遇到特殊情况
生活经历
同伴
游戏材料
天气因素
计划落实失败
区域游戏
讨论分享
计划墙：新增不同颜色的纸，表示计划内容的变更
虚线框内为幼儿计划

第五章

工程劳动课程的相关活动

工程劳动课程实施过程中，教师需要深入观察幼儿的活动细节，分析研判幼儿当前的能力水平和需要，读懂幼儿行为背后的意义。在课程推进时，经常会出现无论是幼儿自主探究还是小组合作探究都无法解决的问题，这时候，需要教师聚焦工程劳动的关键经验，利用恰当的时机对幼儿进行适宜的引导，设计符合幼儿认知发展规律、着眼于幼儿“最近发展区”的集体活动、区域活动等，为幼儿搭建“支架”，提供适宜的指导。

幼儿绘画表征：独轮车运砖块

第一节
基于工程劳动的集体活动

幼儿在工程劳动中往往会遇到小组探究活动难以解决的问题，教师需要观察、发现幼儿在探究中遇到的关键问题，及时组织相关集体活动，以帮助幼儿提升关键经验，掌握相关知识技能。

在工程劳动实施过程中，幼儿在材料选用、模型构建、工具运用、工程技能运用等方面的问题较为突出。因此，教师应根据实际需要及时组织集体活动，对集体活动的目标和内容进行预设。集体活动的内容，既要符合幼儿当前的学习需求和发展水平，又要挑战幼儿原有的认知水平。教师还要为工程劳动的推进提供多元化的支持，在集体活动中要鼓励幼儿不断创新和实践，引导幼儿将个体经验转化成集体智慧，激发幼儿在集体活动中进行有意义、有深度的学习，积极建构关键经验，以解决在工程劳动中遇到的问题，助推劳动经验和水平螺旋上升，实现工程劳动小组探究活动和集体活动的有效衔接。

一、与工程劳动相关的集体教学活动

大班综合活动：遮阳布的选择

工程劳动“建造遮阳棚”活动中，幼儿制作模型时，针对“选择何种材料做遮阳布”这个问题起了争执。为了让幼儿更好地了解不同材料的特性，教师设计了这节集体活动“遮阳布的选择”。活动中将提供多种多样的材料，鼓励幼儿通过实际感受、操作，来解决遇到的问题。

（一）活动目标

1. 知道户外遮阳布要选择遮阳性能和防水性能都比较好的材料。
2. 通过实验操作，感知不同材料的遮阳性能和防水性能不同。

3. 发展观察、实验、对比、动手操作等能力。

（二）活动准备

PPT，透明塑料薄膜、黑色遮阳网、彩条布、双面银牛津布、窗帘布若干，手电筒，遮阳棚模型架子，水瓶，记录纸，幼儿学号贴纸。

（三）活动过程

1. 谈话导入，激起兴趣

（1）师：孩子们，我们的户外遮阳棚架子已经搭好了，现在还差顶棚没有完成，前段时间你们使用硬纸板和KT板做顶棚，成功了吗？为什么？

（2）小结：户外遮阳棚是在外面使用的，硬纸板不防水，一下雨就被淋坏了，不适合。KT板太轻，易破损，而且不容易固定，所以也不适合。

2. 观察、比较各种材料

（1）师：我今天准备了一些你们提到的新材料，咱们来试试，看哪种最适合使用在遮阳棚上。

（2）出示各种材料（透明塑料膜、黑色遮阳网、彩条布、双面银牛津布、窗帘布），幼儿分组观察、比较各种材料的区别，然后在选中的材料的下方贴上自己的学号贴纸。

（3）交流：幼儿说说自己选择材料的理由。

3. 实验操作，挑选出最适合的遮阳布

（1）分组实验操作：测试材料的遮阳性能

①一幼儿扯住材料，一幼儿用手电筒照射，一幼儿记录实验结果，幼儿三人一组合作实验，轮流观察材料的遮阳性能。

②幼儿操作，教师观察、指导，并拍摄实验结果。

③师幼共同验证实验结果：塑料透明薄膜完全透光，彩条布和黑色遮阳网有点透光，双面银牛津布和窗帘布不透光。

（2）分组实验操作：测试材料的防水性能

①师：户外遮阳棚是放在房子外面的，除了需要具备遮阳性能，还要考虑什么？（防水性能）

②幼儿操作，教师观察、指导，并拍摄实验结果。

③师幼共同验证实验结果：水淋在窗帘布上，会渗透到布里，所以窗帘布没有防水性。水淋在双面银牛津布上，水珠在上面滚动，一点儿都不渗透进去，说明双面银牛津布是防水的。

④师幼共同小结：双面银牛津布更符合我们的需要，它正反两面都有银胶涂层，可以阻挡强光和紫外线，保护皮肤，使皮肤不被强烈的光线射伤、晒黑。同时，它还具有很好的防水性能。因此，我们可以购买尺寸合适的双面银牛津布，作为搭建户外遮阳棚顶的材料。

大班综合活动：定制商店

工程劳动“建造遮阳棚”活动中，幼儿制作模型时遇到“PVC 管如何与接头匹配”的问题，为了让幼儿更好地了解各种接头的组合方式、作用等，教师设计了集体活动“定制商店”。活动中，教师提供了不同长度的 PVC 管和不同种类的连接头，引导幼儿通过团队合作的方式完成“订单”，获得用接头将 PVC 管连接起来的经验。

（一）活动目标

1. 初步认识弯头、立体三通两种接头，了解不同接头的使用方法。
2. 活动中能积极动手动脑解决问题，尝试与同伴合作完成任务。
3. 愿意积极参加工程劳动，体验活动带来的乐趣。

（二）活动准备

PVC 水管，弯头 48 个、立体三通 48 个、其他样式的接头少许，PPT，“订单”数张，KT 板背景一块。

（三）活动过程

1. 导入活动

师：瞧，老师带来了什么？（PVC 管）你在哪里见过它？它有什么用处？

2. 搭建平面长方形

师：今天我要开一家定制商店，这是我收到的第一张订单（PPT 出示：小熊要定制一个长方形），你们能用 PVC 管搭出一个长方形吗？三位小朋友一组进行操作，选一位做小组长，负责记录搭建过程中使用了哪些材料，另外两位小朋友负责搭建，搭出一个牢固的长方形。

师：你们真厉害，都搭出了长方形。搭建时，你们使用了哪些材料呢？

小结：搭建一个长方形需要用到 2 根长管子、2 根短管子和 4 个接头，这种接头的名字叫“弯头”。

3. 搭建立体长方形

师：第二张订单也来了，小兔子的这张订单有点特殊，上面没有设计图，只写了一句话“站起来的长方形”。

师：怎么才能让长方形站起来？（引出立体三通）

师：小朋友们还是三人一组，小组长组织大家先商量，再画设计图，然后搭建。

师：各组是怎么搭的？使用了哪些材料？

小结：原来，立体三通可以帮助我们让长方形站起来，搭建出“站起来的长方形”。

（四）活动延伸

师：除了弯头和立体三通这两种接头外，还有很多不同样式的接头（播放PPT），我们可以在遮阳棚模型的建造中一一尝试使用。

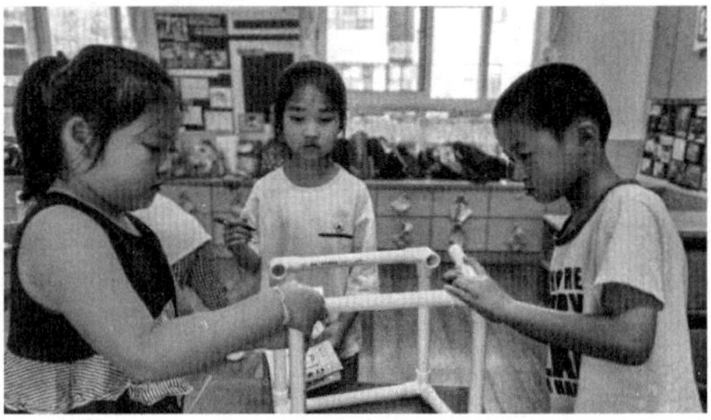

二、与工程劳动相关的集体谈话活动

谈话活动：合页的安装

工程劳动“搭建鸡棚”活动中，幼儿需要为鸡棚安装大门。幼儿发现门和房子的连接是个难点。通过观察生活中的一些物品，幼儿发现合页这个配件可以用来连接。为了帮助幼儿更深入地了解合页的功能和安装方法，教师围绕“合页的安装”这个话题，引导幼儿展开讨论。

话题讨论：回顾搭建鸡棚的过程，想一想：鸡棚还缺什么？
我们怎样连接鸡棚的大门？
教室里的门和门框是怎么连接的？藏着什么秘密？

交流分享：原来，教室里的门是依靠门缝里的配件完成连接的，这个配件用来连接两个部件，并使它们可以转动，配件的名字叫“合页”。

话题讨论：合页怎样安装？
合页怎样将大门和门框连接在一起？

师：区域材料中有房屋模型、纸板大门、合页，你们可以去试试。

话题讨论：你们成功了吗？你是怎样安装的？遇到了什么问题？合页的安装位置不同，门的打开方向一样吗？安装时除了要注意位置和开门方向，还要注意什么？

师：这里有一段关于木匠叔叔安装合页的视频，我们一起来看一下。

话题讨论：视频中木匠叔叔怎么安装合页的？

木匠叔叔准备了哪些工具和材料？安装顺序是怎样的呢？

……

谈话活动：神奇的三脚架

在工程劳动“制作玩沙工具”活动中，幼儿制作网筛模型时遇到了“竹竿站不稳”的问题。教师在区域材料中投放了竹筷，区域活动结束后，教师抛出“需要几条腿站立才能更牢固”这个话题，组织了谈话活动，引导幼儿发现三脚架更稳固。

话题讨论：回顾网筛模型的制作过程，哪个地方有困难？

怎样才能让竹竿站稳呢？在区域活动中你们尝试了哪些办法？

交流分享：可以借助毛根、皮筋、橡皮泥等，运用捆、绑、粘等方法让竹筷站立。

话题讨论：需要几根竹筷才能站稳呢？谁能用最少的竹筷使它们稳稳地站起来？

交流分享：你成功了吗？用了几根竹筷？是用什么办法让它们站稳的？谁比他用的竹筷少？最少用了几根？原来，用三根竹筷，将上端固定，下面分开摆成三角形，就能稳固地站立起来了。这种架子有一个好听的名字，叫“三脚架”。

话题讨论：生活中哪些地方会用到三脚架？

交流分享：除了做网筛需要用到三脚架，哪些地方也会用到三脚架？接下来，我们可以运用这个好办法来建造网筛模型。

谈话活动：好玩的围栏

工程劳动“封草行动”已经接近尾声，草坪上又是绿茵茵的了。接下来，幼儿园开始拆除草地周边的围栏，便于幼儿重返草坪运动。为了让围栏材料能重复利用，教师围绕“围栏材料可以怎么玩”这个话题组织谈话活动，和幼儿一起讨论围栏材料的多种玩法。

话题讨论：我们的大草地变绿了，“封草行动”也要结束了。那些做过围栏的材料怎么办？还有用吗？可以用来做什么呢？

交流分享：幼儿自由表达可以用拆下来的围栏材料玩什么游戏，教师用简笔画进行记录。大家提出的玩法很多——塑料桶可以拎着走，可以传递物品；塑料膜可以用来玩“钻山洞”游戏，还可以用来作为投掷游戏的隔网；小旗可以用来作为蹦跳游戏的障碍物，还可以用在拔河游戏中；等等。

话题讨论：能不能将几种围栏材料组合一下，发明一些新的游戏？

交流分享：幼儿按小组进行交流，发现能将不同的围栏材料组合起来作为游戏道具，如组成闯关游戏的障碍物，很有趣。

话题讨论：同样的游戏内容，加上一些数字，会不会更好玩呢？我这里有一个数字2，把它贴在你们这张图片上，你觉得可以玩什么游戏？

梳理总结：同样的围栏材料，摆放在不同的地方，就会有不同的用途；同样的设计图，增加一些数字，就又多了几种玩法。所以，只要你们多动脑筋，就会让身边一些看似没用的东西发挥更大的作用哦。下次体育游戏时间，我们就来利用围栏材料玩游戏，一起来探索更多的玩法。

三、与工程劳动相关的专家指导活动

专家指导活动：砖块摆不平，怎么办

建造玩泥池时，小小工程队员们开始摆砖块，可摆了一段距离后，用手指轻轻一碰，砖块就倒了。“砖块会往下倒，是什么原因？”“可能是我们没有摆放好。”“可能地面不平。”大家表达着自己的看法。“有什么方法可以让我们知道地面平不平呢？”大家想到可以请经常来园做维修的工程师吴师傅进行现场指导。

小小工程队员向吴师傅说明了发现的问题。吴师傅带来了水平尺，将水平尺摆放好后，他请孩子们观察水平尺中的气泡，看它的位置是否居中。通过检测，孩子们知道了：砖块摆不稳，是地面不平造成的。

吴师傅又拿出一根绳子和两根棒子，将绳子两端系在棒子上并拉直：“想要看地面平不平，拉一根线就可以了，因为线是直的。”吴师傅边说边引导孩子们紧挨着地面拉线，并观察。大家发现：拉直绳子后，绳子碰到泥土的地方，就说明那里泥土多了，需要铲掉；绳子碰不到泥土的地方，说明地面有缺口，那里缺少泥土，可以填土进去。

吴师傅神秘地告诉大家，绳子还有另外一个作用：在排列砖块的时候，可以沿着这根绳子摆放，这样排列出来砖块会很直。经过吴师傅这么一指导，小小工程队员们立刻信心十足，有的开始铲土，将高出来的地面铲平，有的开始在四周拉线，为摆放砖块做准备。

专家指导活动：砖头为什么砌不牢

小小工程队员顺利完成了砌砖工作。可当大家来到工地上检验劳动成果时，却愣住了：“这个砖块没有被固定住。”“我这里也是。”“这里也不牢固。”“我们失败了。”“为什么会失败呢？”大家提出疑问。这时，伊伊想到帮助过大家的吴师傅：“不如我们再邀请吴师傅来帮助我们吧！”在大家的邀请下，吴师傅再次来到现场。

孩子们好奇地向吴师傅提问：“吴师傅，为什么我们砌的砖不牢固呢？”吴师傅问：“你们用了多少水泥，多少黄沙？”负责搅拌的扬扬说：“我们就这样（把水泥和黄沙）倒出来，看着差不多了，就加水搅拌了。”吴师傅说：“水泥和黄沙的配比应该是1比3，拿一样大的桶，就是一桶水泥和三桶黄沙，加水搅拌。”说完，他带着孩子们一起操作起来。

吴师傅又问：“你们的砖浇过水吗？”“没有啊，为什么要浇水呀？”孩子们一头雾水。吴师傅介绍：“砖块摆放在那里很久，落满了灰尘，用水浇一下，让砖块变干净。另外，砖块不泡水，会很快吸收水泥里的水分，水泥就干得快，砖块就不牢固。”原来如此！听了吴师傅的讲解，小小工程队员重新按照比例调配水泥和黄沙，并给砖块浇水，砌砖工作又顺利进行了。

专家指导活动：了解椅子的基本结构

在工程劳动“制作小椅子”活动中，为帮助幼儿深入了解椅子的结构以及中国传统木工技艺“榫卯结构”，教师利用班级家长资源，邀请资深木工专家思檀的爸爸参与活动。

活动中，大家循序渐进地解决了三个问题。

问题1：什么是“榫卯结构”？

听了专家的介绍，大家知道了榫卯结构是中国古代木匠最伟大的杰作之一，据说是鲁班发明的。榫卯结构有一个外号，叫“万年牢”，就是形容用榫卯结构连接的物品非常牢固。专家向幼儿展示了使用榫卯结构的椅子，并详细解释了哪些部位叫榫，哪些部位叫卯。

问题 2：椅子是哪些部分组成的？

专家以幼儿的椅子为例，介绍每个部位的名称和功能：椅背是用来支撑人的腰部和背部的，高度要适宜；椅面需要有足够的承重能力；椅腿是用来支撑椅子的，必须牢固且平稳，不能出现摇晃的情况。

问题 3：如何使用工具安装、制作椅子？

专家还向幼儿展示了用榔头安装椅子的方法，并让幼儿亲自体验安装的过程。这不仅激发了幼儿制作椅子的兴趣，也使幼儿了解木工活动中常用的工具和它们的使用方法。

第二节
基于工程劳动的区域活动

工程劳动主要采用小组式、项目式的学习方式，区域活动作为工程劳动课程内容的补充，对促进幼儿工程劳动素养、认知、技能的发展具有积极作用。教师根据工程劳动中幼儿探究学习的目标、问题解决能力和发展水平等角度梳理幼儿的关键经验，从环境、材料、模型、技能等方面，与幼儿共同生成和工程劳动相关联的区域活动。

区域活动给予幼儿更多自主探究的机会和自由学习的空间，让幼儿的工程劳动变得更为多元、丰富。首先，区域环境的创设从幼儿视角出发，体现幼儿立场，符合幼儿的认知兴趣和年龄特点，并由幼儿参与规划布置，展现幼儿在工程劳动中探究学习的过程和轨迹，使之能与幼儿展开“对话”，支持幼儿自主探究。同时，区域活动能创造和提供符合幼儿当前需要和年龄特点的探究材料，引发幼儿的探究行为。幼儿通过与环境的对话、和工程材料的互动，进行相关的探究学习，获得解决工程劳动实际问题的知识和技能。如：为探究工程劳动所需的材料，在区域里生成低结构材料区；围绕工程劳动模型制作，在区域里设置模型区；聚焦工程劳动局部探究的需求，生成制作区；链接工程劳动技能，生成测量区、称重区、木工区等。在基于工程劳动课程的区域活动中，教师根据幼儿的需求，提供适合幼儿当前水平的“鹰架”，鼓励幼儿在反复尝试和探究中获取关键经验。工程劳动与区域活动的融合，为幼儿获得工程劳动中所需的关键经验构建了一个很好的链接，不断激发幼儿的创新意识，提高幼儿的探究能力，启蒙幼儿的工程思维。

一、和工程材料相关的区域活动

瑞士儿童心理学家皮亚杰指出：“学前儿童的智慧源于材料。”材料是幼儿主动建构知识的重要支持。多样化的、适宜的材料是幼儿园工程劳动有效开展的物质基础，是工程劳动顺利进行的前提。幼儿在工程劳动中需要用到的、感兴趣的、来源于幼儿生活的事物，都可以成为工程劳动的材料资源。幼儿通过与材料进行互动，获取、积累相关的信息，推进工程劳动的开展。教师与幼儿共同搜集工程劳动需要的材料，将工程劳动教育目标及问题探究隐性地体现在材料之中；幼儿在操作、摆弄材料的过程中与材料互动、对话，又将获得的知识和技能投入到工程劳动中，这能激发幼儿更深层次的探究兴趣。

区域活动：搭建灶台

（一）活动目标

1. 通过观察生活中的灶台，尝试绘制灶台设计图。

2. 能够使用仿真砖探索砖块的不同排列方式，掌握平铺、延长、垒高、架空等基本建构技能。

3. 尝试根据设计图纸搭建实用的灶台，在合作中体验搭建的快乐。

（二）材料提供

园内资源：仿真砖、记录纸、笔。

园外资源：家长带幼儿去乡下参观灶台，共同收集各种灶台的图片。

（三）观察与指导

1. 指导幼儿多角度观察、欣赏不同的灶台，关注并记录它们的外形特征。

2. 鼓励幼儿按照前期的观察和想法设计自己喜欢的灶台，画出图纸。

3. 引导幼儿重点探究横放、竖放、架空、交错放等不同的垒砖块的方式，合作搭建灶台。

4. 引导幼儿猜想使用不同搭建方法搭出的灶台的稳固性，并探索使灶台更加稳固的方法。

（四）分享与评价

1. 聚焦灶台的稳固性，幼儿展示砖块交错搭建法和其他搭建方法，集体比较验证使用哪种方法搭起来的灶台更稳固。

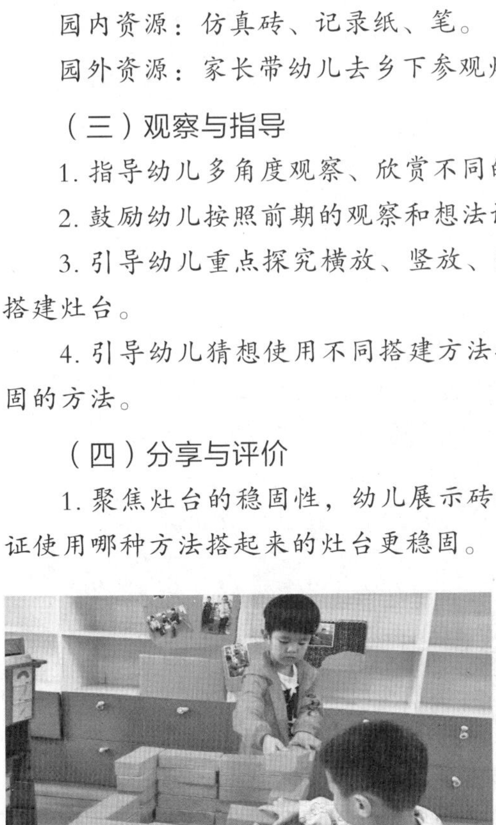

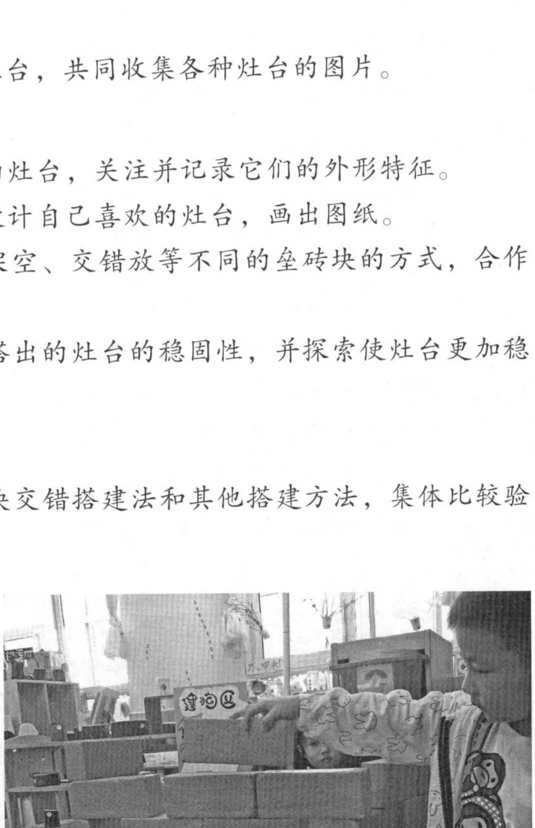

2. 幼儿介绍灶台设计图，根据设计图表达自己的设计思路和打算采用的搭建方法。

3. 根据搭建灶台工作的需求，幼儿共同讨论和优化小组成员的分工与合作。

区域活动：百变树枝

（一）活动目标

1. 通过摆弄树枝，感知树枝的长短、粗细、光滑与毛糙等特性。
2. 使用树枝及其他辅助材料搭建立体造型，探索不同捆绑材料的特性。
3. 体验与同伴合作游戏、共同解决问题的快乐。

（二）材料提供

园内资源：麻绳、毛根、双面胶、扎带等。

园外资源：幼儿观察并收集各种各样的树枝。

（三）观察与指导

1. 鼓励幼儿任意摆弄树枝，用树枝搭建几何图形，用树枝玩游戏。
2. 关注幼儿在探究树枝的过程中使用各种辅助材料的情况。
3. 聚焦树枝的捆绑，鼓励幼儿在探究中寻找最简便的固定树枝的方法。
4. 引导幼儿尝试设计不同的房屋模型，分析房屋模型的构造。
5. 鼓励幼儿根据设计图纸，运用多种捆绑方法搭建立体的房屋模型。

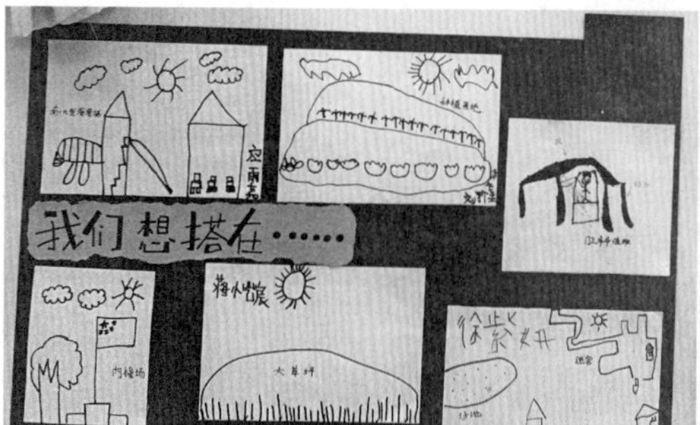

（四）分享与评价

1. 聚焦树枝的拼摆形态，幼儿介绍自己自由拼摆、创意搭建的树枝造型。

2. 幼儿根据图片介绍各种各样的房屋造型，讨论用树枝搭建房屋的方法。

3. 聚焦树枝的捆绑问题，幼儿讨论和介绍不同辅助材料在搭建房屋模型过程中的使用方法。

二、和模型搭建相关的区域活动

在工程劳动真实情境中，需要幼儿根据实际问题设计图纸，解决真实问题。由于工程图纸可实现程度的不确定性，很多时候幼儿还有搭建模型的需要。因此，区域活动里，师幼可以共同创设模型搭建区。在这里，幼儿进行实际操作，并以玩耍、摆弄、探究、迭代的方式投入模型制作活动。在此过程中，教师尊重幼儿的个性和创新能力，接受幼儿的不同设计，鼓励幼儿大胆搭建，支持幼儿个性化的想法。幼儿在教师引导与同伴合作中自主探究，设计模型、制作模型、测试模型、优化模型，获得更多的机会改进与完善自己的工程设计，最后将搭建模型时获得的关键经验运用于工程劳动的真实场景中，体验解决实际问题的成就感。

区域活动：落叶收集箱

（一）活动目标

1. 初步制作落叶收集箱，尝试使用连接材料搭建立体的箱体。

2. 在活动中乐于探索，大胆表达，能与同伴合作，遇到困难一起克服。

（二）材料提供

园内资源：大小不同的网格片，麻绳、毛根、双面胶、扎带、记录纸等。

园外资源：公园里或周边其他环境中各种落叶收集箱的照片。

（三）观察与指导

1. 引导幼儿观察不同的落叶收集箱，从外形、材料、用途等角度进行分享与讨论。

2. 鼓励幼儿绘制落叶收集箱模型设计图，并介绍自己设计的落叶收集箱。

3. 聚焦网格片的连接问题，引导幼儿利用麻绳、毛根、扎带等多种辅助材料连接网格片，并尝试用其他辅助材料加固模型，完善落叶收集箱的功能。

4. 提出落叶收集箱制作过程中遇到的问题，引导幼儿交流与分析，通过集体或小组讨论的方式探究、解决问题。

（四）分享与评价

1. 聚焦落叶收集箱的用途，幼儿分享观察到的落叶收集箱的不同形状，讨论不同形状的落叶收集箱的具体功能。

2. 针对落叶收集箱制作过程中如何连接网格片这个问题，幼儿讨论不同的辅助材料的使用方法，分享麻绳的打结方法、扎带的使用方法和毛根的缠绕方式。

3. 幼儿探讨落叶收集箱制作过程中遇到的问题，通过集体讨论和分享的形式找到优化、调整设计方案的方法。

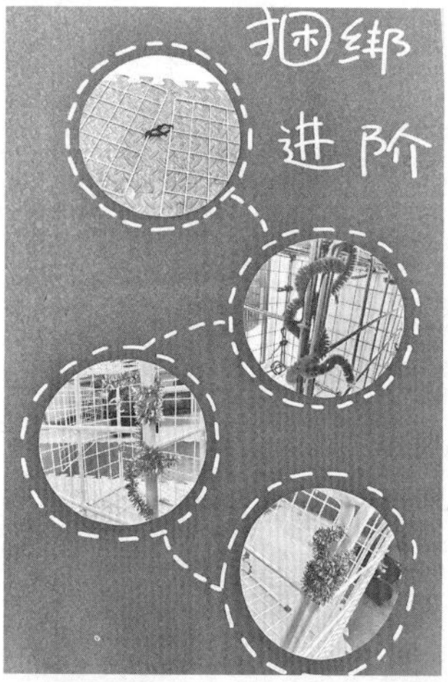

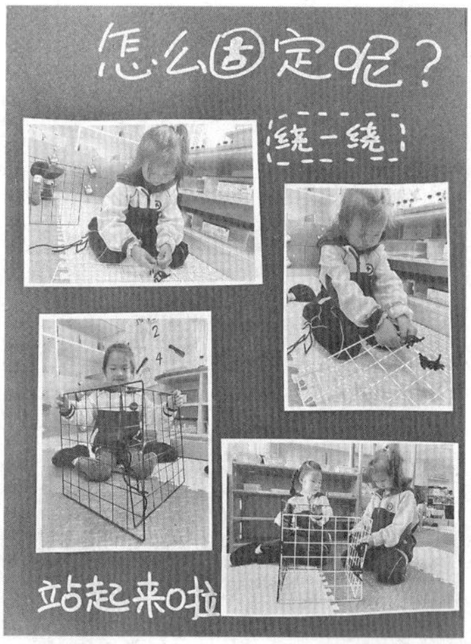

区域活动：小小砌墙师

（一）活动目标

1. 初步探索水泥浆中水泥、黄沙和水的配比方法。

2. 尝试采用不同的砖块排列方式，探索最稳固的砌墙方法。

3. 体验与同伴合作砌墙的快乐。

（二）材料提供

园内资源：小型砌墙工具，黄沙、水泥、水等材料，操作步骤图。

园外资源：家长与幼儿收集关于瓦工师傅搅拌水泥和砌墙过程的照片或视频，一起观看；拥有调配水泥浆和砌墙经验的专家资源。

（三）观察与指导

1. 引导幼儿观察并介绍水泥浆的搅拌过程，初步探索水泥、黄沙、水的配比，配制有黏性的混凝土湿浆。

2. 引导幼儿欣赏各种墙体的图片，重点关注不同的砖块排列方式，并探索向上垒高的砌墙方法。

3. 引导幼儿分析砌墙工作的人员分工，鼓励幼儿两两合作，共同完成砌墙任务。

（四）分享与评价

1. 聚焦水泥浆的调配方法，幼儿共同讨论合适的材料配比方法。

2. 幼儿分享自己发现的砖块排列方式，探讨更多不同的砖块排列方式。

3. 幼儿讨论两两合作砌墙时各自的分工以及合作的好方法。

区域活动：建造漂浮船模型

（一）活动目标

1. 探索瓶子、油桶等材料的排列组合方式，让船身保持稳固。

2. 尝试用各种材料连接瓶子、油桶，让船身更紧密。

3. 体验与同伴合作探索、获得成功的乐趣。

（二）材料提供

园内资源：胶枪、画纸、记号笔等。

园外资料：幼儿搜集的饮料瓶、油桶、各种连接材料；不织布、瓶盖、小红旗、游泳圈等；家长与幼儿一起寻找和观察各种船只。

（三）观察与指导

1. 引导幼儿探索瓶子或油桶的排列方式、连接方法，制作漂浮船模型。

2. 引导幼儿探讨测试船身稳固性与连接紧密性的方法，发现加固船身的不同方法。

3. 鼓励幼儿用多种材料对船模进行装饰和美化。

4. 引导幼儿通过提问、猜想、实践和验证的方式测试船模的防水性和稳固性。

（四）分享与评价

1. 幼儿注意使用胶枪等辅助工具的安全性，讨论正确使用工具的方法和应做的防护措施。

2. 聚焦材料的沉浮特性，幼儿展示收集来的各种制作漂浮船的材料，验证其沉浮性能，并选择合适的制作船模的材料。

3. 幼儿分析漂浮船模型在试水过程中所出现的问题，共同讨论解决策略。

区域活动：道路微景观

（一）活动目标

1. 初步了解道路旁的景观。

2. 尝试设计自己喜欢的道路形状，规划美化道路的材料。

3. 根据设计图创作出自己喜欢的道路微景观。

（二）材料提供

园内资源：仿真砖、马赛克片、塑封膜；碎石粒、鹅卵石、木片等自然材料；毛根、冰棍棒、吸管、白纸、瓦楞纸、硬纸板、碎纸屑、超轻黏土；记录笔。

园外资源：小区里、公园里、街道旁的各种不同样式的道路（可以是图片或视频）。

（三）观察与指导

1. 引导幼儿观察不同道路的形状、路边的景观等。

2. 鼓励幼儿大胆想象，设计道路，绘画出道路设计图。

3. 引导幼儿观察、读懂道路设计图，选择适宜的材料铺小路。

4. 关注幼儿与各种材料的互动情况并进行记录，鼓励幼儿利用各种材料创作道路两旁的微景观。

（四）分享与评价

1. 幼儿根据收集到的照片或视频，交流道路的不同形状和周边景观。

2. 聚焦铺设道路的材料，幼儿大胆想象与分享各种材料的使用方法。

3. 聚焦材料的铺设规律，幼儿尝试设计多种多样的道路。

4. 幼儿分享生活中的观察发现，讨论道路旁的微景观以及适宜的表现材料。

三、和局部探究相关的区域活动

在工程劳动实践中，幼儿会遇到一系列问题。此时教师可以支持幼儿以局部探究的方式来解决问题。教师关注劳动过程，挖掘有价值的探究问题，通过提供必要的学习资源，不断追随、支持幼儿进行深度探究。

区域活动：暖棚保护膜

（一）活动目标

1. 通过灯光照射、淋水实验等，探究不同材料的防水性和透光性。

2. 运用测量、裁剪、拼接等方式，制作植物暖棚保护膜。

3. 同伴合作，共同探讨解决问题的方法。

（二）材料提供

园内资源：双面胶、毛根、麻绳等辅助材料，各种测量工具。

园外资源：家长和幼儿参观蔬菜大棚，收集各种膜、布等。

（三）观察与指导

1. 引导幼儿重点探究不同种类的保护膜、布的防水性和透光性差异，以及暖棚保护膜的铺盖方式。

2. 观察幼儿与材料、工具的互动方式，了解幼儿的兴趣点，以及材料使用中的难点问题。

3. 关注活动中幼儿使用工具存在的不安全因素，指导幼儿探索自我保护的方法，共同制定“工具使用安全公约”。

（四）分享与评价

1. 幼儿分享使用工具和自我保护的方法，形成“工具使用安全公约”。

2. 聚焦材料整理，幼儿进行讨论，分享整理、收纳的好方法。

3. 幼儿大胆提出解决问题的设想，并在下一步的活动中积极验证。

4. 聚焦探究重点，幼儿关注不同种类保护膜、布的防水性和透光性差异，以及暖棚保护膜的铺盖方式，分享探究过程与成果。

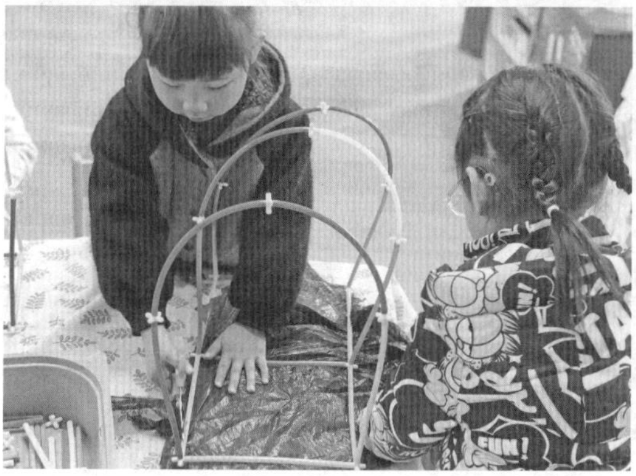

区域活动：帐篷门帘

（一）活动目标

1. 感知、欣赏生活中各种各样的编织绳。

2. 探索运用多种不同的打结方法来制作编织绳。

3. 体验自己动手制作编织绳的乐趣。

（二）材料提供

园内资源：帐篷框架、编织示意图。

园外资源：家长和幼儿在生活中共同收集的各种各样的绳子。

（三）观察与指导

1. 观察幼儿与绳子的互动方式，观察不同幼儿玩绳方式的差异，了解幼儿的兴趣点以及使用绳子过程中的难点和问题。

2. 引导幼儿重点探究运用多种不同的打结方法制作编织绳，尝试根据图纸选择相应的材料合作制作门帘。

（四）分享与评价

1. 幼儿分享不同的玩绳方式，分享自己的探究过程与成果。

2. 幼儿介绍制作门帘时使用的不同的打结方法。

3. 幼儿画出同伴能够看懂的设计图纸，并分享、表达自己的想法。

四、和工程技能相关的区域活动

在工程劳动中，幼儿因为工程技能、经验缺乏，时常会遇到较难解决的问题，教师需要及时为幼儿提供获取相关经验的机会，以满足幼儿在工程劳动中的需求。因此，师幼共同在班级里设置与工程技能相关的区域，将幼儿在工程劳动中遇到的技术性难题延伸到区域活动中，让幼儿在这里继续深入探究，帮助幼儿积累相关经验，获得工程技能。

区域活动：测量

（一）活动目标

1. 尝试用自然测量、标准测量的方法测量各种物品的尺寸。

2. 感受正确读取数据的重要性，尝试用正确的方法读取测量工具量出的数据。

3. 体验测量技能在工程劳动中的重要性。

（二）材料提供

园内资源：回形针、积木、纸条、木棒等可用于测量的自然物。

园外资源：家长和幼儿共同收集各种各样的长度测量工具。

（三）观察与指导

1. 观察幼儿使用测量工具的方法，鼓励幼儿尝试用多种工具测量教室中物品的长度。

2. 鼓励幼儿在使用测量工具的过程中认识、理解工具。

3. 引导幼儿尝试制作 1.5 米的测量工具，初步感知“1.5 米”。

（四）分享与评价

1. 幼儿分享使用测量工具的方法以及测量中的发现与问题。

2. 幼儿展示自己制作的 1.5 米测量工具，分享其使用方法与制作过程。

3. 幼儿在分享过程中比较、认识不同测量工具的使用方法。

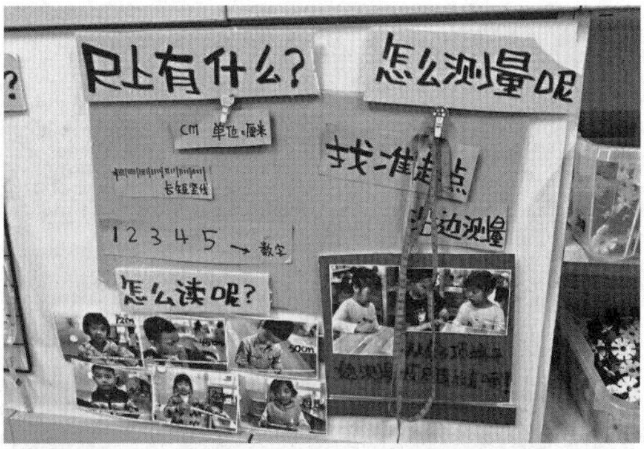

区域活动：称一称

（一）活动目标

1. 认识生活中常见的秤，并探索、学习秤的使用方法。

2. 通过估计物品的轻重，尝试选择合适的称重工具。

3. 在估一估、称一称、记一记的过程中，感知秤在生活中的用途。

（二）材料提供

园内资源：生活中常见的物品，记录纸、笔。

园外资源：家长和孩子共同收集的各种各样的秤。

（三）观察与指导

1. 观察幼儿使用秤的方法，鼓励幼儿尝试用不同的秤进行称重。

2. 引导幼儿认识秤上的刻度，探索不同种类的秤的使用方法，并从秤的选择、秤的使用等方面探索如何使数据更准确。

3. 引导幼儿预估物品的重量，并据此选择合适的秤来称重，最后尝试记录数据。

（四）分享与评价

1. 幼儿分享在使用不同的秤称重时的发现及遇到的问题。

2. 幼儿从秤的选择、秤的使用等方面分享称重的方法。

3. 幼儿分享通过预估物品的重量从而选择合适的秤进行称重的方法。

区域活动：锯竹子

（一）活动目标

1. 认识锯子，了解锯子的使用方法。

2. 探索两两合作使用锯子锯竹子。

3. 在量一量、锯一锯的过程中，体验木工活动的乐趣。

（二）材料提供

园内资源：安全帽、纱手套，锯子，卷尺、直尺、皮尺等测量工具，记录纸、记号笔。

园外资源：竹子等。

（三）观察与指导

1. 关注幼儿使用锯子时的安全情况，指导幼儿从防护准备、安全施工等方面探索自我保护的方法。

2. 观察幼儿测量竹子长度、确定切割点的方法，引导幼儿探索测量的方法。

3. 引导幼儿探索两两合作使用锯子锯竹子的方法。

（四）分享与评价

1. 聚焦活动的安全问题，幼儿分享锯子的安全使用方式，并共同制定“木工劳动安全公约”。

2. 幼儿分享测量竹子的长度、确定切割点的方法。

3. 幼儿分享两两合作使用锯子锯竹子的方法。

第六章

工程劳动课程的观察评价

工程劳动中幼儿发生了哪些学习？获得了哪些发展？教师怎样支持幼儿持续深入探究？……这些问题都属于教师对幼儿行为的观察与评价范畴。

观察与评价可以帮助教师解读幼儿，并为活动的组织与持续开展提供科学依据。《幼儿园教育指导纲要（试行）》指出，管理人员、教师、幼儿及其家长均是幼儿园评价活动的参与者，评价过程是各方共同参与、相互支持与合作的过程。可见，单一主体的观察与评价就像一块小小的拼图，无法拼出一个完整的形象。

工程劳动课程具有实践性、开放性和综合性，在工程劳动课程中对幼儿进行观察和评价也具有一定的挑战性。工程劳动课程中的观察与评价更加需要教师、幼儿、家长等主体的协同参与。

幼儿绘画表征：玩泥计划

第一节
来自教师的观察与评价

工程劳动课程实施过程中，来自教师的观察与评价要以促进幼儿全面发展为导向。通过观察，教师能够看到幼儿在工程劳动中表现出的经验水平，同时，将观察和评价结合在一起，为幼儿提供适宜的支持，有目的地帮助幼儿获得发展。

一、教师的观察

工程劳动中，教师要对幼儿进行有效观察，要通过有目的、有计划、有步骤的观察获得大量具体、真实的幼儿信息。观察前，需要明确观察内容，做好观察准备；观察过程中，要运用自然观察的方法，使观察到的信息尽量真实、自然；观察后，还需要补充整理观察到的内容，力求使信息更加全面。

（一）明确观察目标

工程劳动中，教师应该观察什么？教师应在活动前或活动中确定观察目标。确定了观察目标，教师才能更有意识地抓住幼儿在活动中表现出的关键细节，使观察更有效。

案例片段：兔子之家

幼儿决定用砖头建造“兔子之家”。来回徒手搬运几次砖块后，他们发现用手搬运实在太累。教师鼓励幼儿寻找园内可用来搬砖的工具。大家找来大三轮车、滑板车、小工程车，分组进行搬砖。在幼儿搬运砖头的过程中，教师明确了观察目标——观察幼儿使用工具搬运砖块时的多种表现，帮助幼儿发现哪种搬运工具更适合自己。因此，教师对幼儿选择运输工具、合作搬运等行为进行有目的的观察，为后续有针对性的评价提供依据。通过分享交流，师幼得出结论：用大三轮车搬砖，每次装载的砖块最多，但是大三轮车太大，幼儿较难驾驭，还是不方便，而小工程车幼儿可以自己骑行，车子大小正好，搬砖数量适中，比较适合幼儿使用。

（二）做好观察的材料准备

1. 观察记录表

教师如果单纯通过眼睛、头脑对幼儿的行为做观察、做判断，很难将所看到的信息处理得当，导致观察效率不高。教师可根据观察内容设计便于记录的观察记录表，根据观察记录表对幼儿的行为进行客观记录，从而对幼儿的行为做出相对准确的判断，为后续的指导提供依据。例如：

幼儿搬砖工具使用情况观察记录表

搬砖工具	搬砖数量	需要人数
滑板车	5-10 块	2 人
大三轮车	50 块以上	4-6 人
小工程车	20 块左右	2-3 人

幼儿使用挖掘工具行为观察记录表

工程劳动小组成员：欣欣、圆圆、童童 观察者：华夏冰　　　　观察时间：××××年×月			
姓名	能熟练使用	基本会使用	不会使用
欣欣	√		
圆圆			√
童童		√	

2. 便捷的观察工具

工程劳动中，教师不可能将幼儿的行为表现面面俱到地记录下来，因此，我们经常利用一些便捷的观察工具，如手机、摄像机、便利贴等，帮助教师记录幼儿的行为表现和活动状态。

（1）用便利贴记录

教师可随身携带一本便利贴，通过简笔画、关键词、符号、标记等快速记录幼儿的行为表现。它是观察记录的一个零散板块，为后期的内容整理提供素材。

（2）通过拍照、录音、摄像记录

不是所有的记录都要以书写的方式完成，把幼儿参加工程劳动的过程通过拍摄的方式记录下来，是一种最真实的记录方式。教师拍摄的视频是做观察记录的辅助资料，它们能还原工程劳动的全过程，教师在后期观察照片、回放视频时，能更好地抓住幼儿在活动中的细节表现，为团队集体研讨和教研活动提供有价值的素材。

（三）运用自然观察法

自然观察法是指教师观察幼儿在自然状态下进行活动，是教师对幼儿的常态化行为、举止、言谈等进行直接、仔细的观察，从而获得评价幼儿发展水平的信息和资料。通过自然观察法获取的资料生动、具体、直观，且相对集中，教师能有效地获得幼儿的典型行为表现，并将其作为评价依据。

（四）补充整理观察记录

工程劳动中，幼儿的行为具有一定的自主性和生成性，很多时候教师并不能预料接下来幼儿会生发什么样的探究活动，因此，活动后补充整理观察记录十分重要。如：通过播放拍摄的视频，教师可以更细致地观察幼儿在活动中的表情、动作、语言、交往行为等；如果需要，可将视频停留在关键画面反复观看，围绕细节进行思考、讨论。这样做，能有效避免自然观察中看得不细致、记录不详细、漏听、漏看等现象，也能帮助教师进行深度观察，理解幼儿的学习是如何发生的，看到幼儿经验的生长。

（五）对有效记录的几点建议

1. 记录的“充足”

记录的“充足”是指教师每天要保证时间记录自己的观察收获。在工程劳动过程中，教师要选择最佳的记录时间，尝试运用各种记录方法，最终选择适合的时间和方法来有效记录幼儿的行为。合适的记录方式能帮助教师节省记录时间，在观察幼儿的同时记录下关键信息。当然，为做到这一点，教师也必须借助便利的记录工具。另外，在工程劳动结束后，教师要保证整理资料的时间，通过观看视频聚焦一些细节和重点，如果及时、充足的整理时间得不到保证，时间一长便会忘记某些重要内容。

2. 记录的“方便”

记录的“方便”是指为便于教师随时开展记录，不硬性规定记录的格式要求，教师可借助直观、量化的表格进行记录，文字可多可少，也可随时用手机或便利贴等工具记录。这有利于教师及时记录幼儿在活动中的完整表现。

3. 记录的“真实”

记录的“真实”是指教师直接地、不加修饰地记录幼儿的实际表现，坚持描述真实事件，不做任何主观上的判断和解释。为了帮助教师回顾事件的真实过程，建议教师用简化手段或现代化信息技术手段进行简易、快速的记录，尽量基于客观素材来回忆幼儿在工程劳动中的表现，并进行准确的记录。

二、教师的记录

观察是一种以视觉为主、较为直观的行为。教师在观察过程中可以借助各类记录表记录幼儿的行为表现，为评价幼儿的发展情况积累第一手资料。在工程劳动幼儿发展评价方面，记录表主要包括以下几种：

（一）课程推进记录表

课程推进记录表属于轶事记录的一种，包含工程劳动开展的时间、名称、材料、内容、分析指导等。课程推进记录表利用叙述性描述方式，记录幼儿在活动中的行为表现，引导教师关注活动中幼儿的语言、行为，有助于教师进行有效分析。该表主要包含以下几个要素：

· 时间：即活动开展的时间。记录这个时间有助于教师了解幼儿活动的发展阶段，以便更好地评价幼儿在游戏中的行为。

· 名称：即活动的名称，如“合作挖泥坑”。从一个概括且具有指向性的名称上就能知道教师观察的主要内容。

·内容：即观察记录最核心的部分。在工程劳动中，教师可结合观察情境有目的地选取有价值的信息，包括活动中幼儿的语言、行为、表情、问题、发现等，并进行文字或视频记录。记录过程中，教师应尽可能避免主观的判断，应客观、准确地描述幼儿的行为表现。

·行为解读：课程推进记录表中的分析与指导部分是教师对幼儿行为表现的分析，在此基础上，教师可进一步提出支持幼儿发展的指导策略。

工程劳动课程推进记录表

活动时间	××××年11月4日	活动名称	场地测量
材料准备	绳子、砖头、手套、记录单等		
探究表现	**幼儿的语言、行为、问题、发展等：** 筠尧和她的小伙伴又来到了水泥柱旁，拿起测距绳进行测距。她熟练地拿起绳的一端对齐水泥柱，并将绳子对准小路的方向拉直。一旁的雨桐发现筠尧有点忙不过来，赶紧帮忙压住了绳子的一端。这下，筠尧就能方便地将测距绳拉直了。在放下绳子后，筠尧马上搬来砖块，压住了测距绳。当我问她为什么要这么做时，筠尧立刻告诉我："这样绳子就不会动了。"		
探究过程	**典型照片：**  		
分析与指导	1. 幼儿基本掌握测距绳的使用方法（要点是对齐、拉直），并能通过语言来详细描述。 2. 对危险区域有大概的认识。 3. 幼儿知道测距绳长是1.5米。 4. 在前期经验的基础上，筠尧能根据工程的需要做出一些简单的判断。可以看出，该幼儿对测距绳的用途已经掌握。		

工程劳动课程推进记录表

活动时间	××××年11月6日	活动名称	场地测量
材料准备	绳子、砖头、手套、记录单等		
探究表现	**幼儿的语言、行为、问题、发展等：** 在搜集到不少辅助材料之后，大家继续进行测量工程。只见晨瑶捏住卷尺的一端慢慢扯出，每扯出一段，她就用右手按住卷尺的内侧，防止尺身滑进去。在拉到"150"后，大家发现又软又长的卷尺在地上绕了好几圈，这样没法进行测量了。亦凡马上拉住了卷尺的一端，然后走到水泥柱旁，确定了测量起点，晨瑶确认方向，拉直了卷尺，他们合作测出了第一个符合距离要求的点。		

续表

<table>
<tr><td>探究过程</td><td>典型照片：
 </td></tr>
<tr><td>分析与指导</td><td>经过前期大量测量操作，不少幼儿已经比较熟练地掌握了测量工具的操作方法，这里晨瑶使用卷尺的一系列动作，已经与我们成人相差无几。其他小组成员在发现卷尺弯折时也能及时上前帮忙，并正确操作。可以看出，已经获得这些测量经验的幼儿并非少数。这证明我们之前的活动推进策略是合理而正确的。</td></tr>
</table>

（二）谈话记录表

谈话记录表是一种了解幼儿想法和认知经验的重要记录工具。教师可通过与幼儿的语言互动、交流来获得幼儿的真实想法，再记录与幼儿的谈话内容。谈话过程中，教师应尽量营造自然、宽松的氛围，根据谈话目的精心设计谈话内容，引导幼儿围绕相关话题自由自愿地表达自己的想法。教师可有针对性地收集幼儿的典型谈话内容进行记录并分析，为后期评价幼儿的行为提供依据。

谈话记录表

<table>
<tr><td>谈话时间</td><td>××××年10月8日</td><td>谈话教师</td><td>徐聪颖</td></tr>
<tr><td>谈话主题</td><td>“泥巴乐园”项目开工仪式</td><td>谈话对象</td><td>大8班全体幼儿</td></tr>
<tr><td colspan="4">谈话目的：
1. 初步了解举办工程项目开工仪式的原因及意义。
2. 结合已有经验，谈谈工程项目开工仪式需要做的准备工作。
3. 尝试分组分工合作，为工程项目开工做准备。</td></tr>
<tr><td colspan="4">谈话内容：
1. 什么是开工仪式？为什么要举行开工仪式？
2. 你在哪里见过开工仪式？
3. 开工仪式需要准备些什么呢？
4. 怎样准备开工仪式需要的物品呢？</td></tr>
<tr><td colspan="4">谈话记录：
师：“泥巴乐园”项目就要举行开工仪式啦！你们知道什么是开工仪式吗？
幼：开工就是要放鞭炮、要剪彩。
幼：开工就是我们可以找一个好天气，去挖泥坑，动工啦！
幼：我爸爸帮别人装修时，开工需要签字、盖章。
师：开工活动是一个仪式，我们要在那一天动土挖泥坑！一起先来看一条开工视频吧！
师：开工仪式需要准备很多东西呢，看完视频，你们觉得要准备些什么呢？
幼：当然要准备鞭炮和彩带啦。</td></tr>
</table>

续表

幼：可以准备一些挖土的铲子，还有服装、帽子，还要有喜庆的东西呀。 幼：我们是合作项目，可以准备项目合同签字！ 幼：开工仪式是一件非常隆重的事情，需要一些红色的、喜庆的物品来装饰。我们还要准备很多工具、服装。 幼：我觉得还要有主持人、音乐，这样更像开工。 师：你的提议不错，有了主持人和音乐，更有开工的氛围，更有仪式感。 幼：我们还可以邀请其他人一起来参加开工仪式。 幼：我们可以邀请其他班的老师和小朋友、园长妈妈一起来参加开工仪式。 幼：还有门卫爷爷，说不定我们还会请他们帮忙呢！ 师：看来开工仪式是一件很忙碌的事情，我们怎样做准备呢？ 幼：可以分工准备呀！ 幼：我们可以分组，每组选一个小组长。有设计邀请函的，有制作合作书的，还有负责拿礼炮剪彩的、包装工具的…… 师：开工仪式上的事儿真不少。你们觉得要设计邀请函，那准备怎样制作邀请函呢？ 幼：可以画上我们的泥坑，告诉大家开工地点在泥坑旁。 幼：可以写上开工仪式的时间。 幼：邀请函给谁，就在纸上画谁。 师：你们的想法真不错，这样拿到邀请函的老师和小朋友就知道什么时间、在哪里举行开工仪式啦。 师：现在还有一件重要的事情，开工的时间还没确定呢！ 幼：找一个好日子。 幼：手机上有日历，可以看看。 师：为什么要选好日子呢？ 幼：不知道。 师：选好日子，是希望我们在开工后的时间内，能够平平安安、顺顺利利。一起来看看皇历，你们知道哪一天是好日子吗？ 师：这个月的25号，星期一，皇历上写着“宜破土”，说明那天是个好日子，可以挖泥坑。那咱们就在10月25日举行开工仪式，你们同意吗？（所有小朋友拍手表示赞同） 师：今天，在大家的商讨下，我们确定了开工日期，知道了什么是开工仪式、开工仪式需要准备些什么。等会儿我们确定一下开工仪式需要准备哪些物品，然后可以小组合作，为开工仪式做准备。
谈话策略及效果： 整个谈话活动围绕“开工仪式”展开，教师营造了宽松、和谐的谈话氛围。借助幼儿已有的经验，了解幼儿对于开工仪式的想法，通过观看开工仪式视频，让幼儿更直观地了解开工仪式是什么样的，思考本班工程劳动项目的开工仪式可能需要准备些什么，为后期分组准备做铺垫。 从谈话中，我们看出幼儿对开工仪式都有自己的想法。教师关注幼儿谈话时的每一句话，根据幼儿的回答进一步提出相关问题，鼓励幼儿自由自愿地出主意、想办法。师幼互动的过程其实就是观察评价的过程，其中体现了大班幼儿语言表达、逻辑思维、社会交往等多方面的能力。

（三）作品分析记录表

工程劳动中，教师可通过作品分析记录表记录幼儿活动中的各种表征作品、建造的模型、记的“工程日记”、实地成果、艺术创作等，从而分析幼儿的发展水平，给出相应的回应与支持措施。

幼儿工程劳动作品分析记录表（大班）

<table>
<tr><td>作品名称</td><td>“泥巴乐园”模型</td><td>创作人</td><td>欣欣、欢欢、文文</td></tr>
<tr><td>创作时间</td><td>××××年11月</td><td>分析者</td><td>沙婉霖</td></tr>
<tr><td>分析目的</td><td colspan="3">通过作品分析，了解幼儿设计、挖掘泥坑的想法。</td></tr>
<tr><td colspan="4">作品呈现与说明：

“泥巴乐园”模型以木板为底座，利用模型砖块、模型滑梯和超轻黏土捏制而成。幼儿将水泥、黄沙、水按配比拌匀后砌砖，围成泥坑模样，再将砖块一层层垒高。泥坑一边放置滑梯模型，另一边将塑封膜剪成片状插入砖块，模仿亚克力玻璃。最后用超轻黏土捏出泥坑旁的大树、小草、小路等微景观。</td></tr>
<tr><td colspan="4">教师的支持与评价：
“泥巴乐园”模型是幼儿根据“泥巴乐园”设计图制作的，模型的建造为后期打造真实的“泥巴乐园”奠定了基础。通过观察模型，教师能够看出幼儿具有一定的设计与规划能力，幼儿期待建造一个方形的泥坑，旁边有滑滑梯和泥画墙。在使用仿真砖块垒砌的过程中，幼儿也在积累关于砌砖的经验，这些经验也会运用于实地建造过程。</td></tr>
</table>

（四）检核等级记录表

检核等级记录表是一种将检核表与等级记录表相融合的记录工具，能较可靠、快捷、高效地收集信息，并据此分析、判断幼儿的行为表现。记录前，教师应选择适宜的观察地点或情境，围绕观察目的，罗列出观察内容、幼儿能力等级水平等，进行现场记录与判断，同时，可根据幼儿的实际表现进行检查、核对、调整。检核等级记录表多适用于幼儿行为表现较为显性的活动，教师不需要对收集的信息进行深入挖掘、分析和评价，这能大大提高教师在观察时收集、记录信息的效率。

检核等级记录表（中班）

<table>
<tr><td>观察日期</td><td>××××年10月</td><td>观察者</td><td>顾江怡</td></tr>
<tr><td>观察对象</td><td>天天</td><td>观察情境</td><td>木工活动中幼儿在钉木板</td></tr>
<tr><td>观察目的</td><td colspan="3">观察幼儿能否正确、熟练地使用锤子、钉子等工具，能否使用工具连接两块木板。</td></tr>
</table>

续表

	使用熟练★★★	使用较熟练★★	使用不熟练★
使用锤子、钉子的情况	√		
能否使用工具连接木板		√	

（五）连续记录表

连续记录表是按照时间顺序，对幼儿某一阶段持续的行为表现进行观察与记录的工具，多以轶事记录或故事形式呈现，记录的信息相对完整、全面。在课程推进过程中，教师若无法通过一次观察就收集到完整信息时，往往需要花费时间和精力持续跟进，观察幼儿的行为表现，并进行连续记录，然后通过前后关联的、递进的、完整的记录来获得真实的幼儿行为表现信息，并做分析与评价。连续记录表与课程推进记录表的框架基本一致，记录的内容彼此之间有一定的关联，通常表现出幼儿经验的深化和发展。

三、教师的评价和支持

（一）梳理幼儿发展评价指标

在工程劳动实施过程中，教师会根据劳动内容梳理出幼儿参加完活动后所获得的经验，这是评价幼儿的一种方式。以建筑工程劳动“房屋建造师”中所罗列的幼儿发展评价指标为例——

建筑工程劳动“房屋建造师”的幼儿发展评价指标

领域	评价指标
科学	探索各种数楼层的方法，发现新的数楼层方法时感到兴奋和满足。
	感知各类砖头的大小、多少、高矮等量的特征。
	通过多次比较，逐渐感知、理解水泥浆中黄沙、水等搅拌物的“量”。
	愿意用图画、符号等方式画出“除杂树邀请函”的主要信息。
	能用数字、图画、箭头等做记录，将“房子设计图”画出来。
数学	能发现使墙面稳固的砖块的排列规律。
	能用常见的几何形体（如方形、圆形）来建造砖头房子的造型。
技术	能用黄沙、水泥的搅拌物粘住砖头，砌出墙面。
	尝试利用砖块、木条等材料搭建坡面房顶。
	探索发现编织稻草房顶的方法。
	能用榔头、钉子连接木条。
工程	能尝试画出砖头房子的设计图纸。
	能根据设计图尝试建造真正的砖头房子。

续表

语言	愿意与同伴讨论房子里黑漆漆的原因。
	乐意在集体面前讲述自己的观点，并邀请同伴投票。
社会	发现地基不平时能自己想办法解决问题。
	建造房子时能与同伴分工合作，遇到困难一起克服。
	能认真负责地完成自己接受的任务。
健康	能在户外环境中连续坚持工程劳动半小时以上。
	能使用简单的劳动工具对场地进行改造。
	使用劳动工具时能注意安全，不给他人造成危险。
	能按类别整理好自己的劳动工具、装备等。

（二）围绕发展评价指标进行过程性评价并提供支持

下面通过三个具体案例来呈现。

1. 语言领域的过程性评价和支持策略

（1）观察评价目标

乐意在集体面前讲述自己的观点，邀请同伴投票，接纳自己的意见。

（2）幼儿行为表现

屋顶盖好后，梓权跑到屋子里一看，喊道："这里好暗啊！都看不清东西了！"

艺文也跑进去："真的好黑啊！怎么办？"

嘉睿："装个窗户就好了。"

艺文："我觉得可以装个电灯，这样晚上里面也能看见。"

嘉睿："电灯要用电的，这里没有电线，怎么办？"

艺文："我还是觉得装电灯好，可以请人接一根电线。"

嘉睿："那我们问问大家，看他们觉得哪种方法好。"

艺文："好呀，大家肯定喜欢我的想法。"

一场别开生面的宣讲活动就此开始……

（3）观察评价要点

当工程劳动中出现多种意见时，教师引导幼儿解释自己的想法，从而观察、评价幼儿是否乐意在集体面前讲述自己的观点，是否敢于邀请同伴投票，接纳自己的意见。

（4）教师支持策略

提供宣讲平台，让幼儿对房屋建造提出多种方案。

准备投票材料，如投票篮、雪花片。

鼓励宣讲员大方介绍自己的想法，尝试说明理由。

2. 科学领域的过程性评价和支持策略

（1）观察评价目标

选择合适的参照物，通过对比，验证地面是否平整。

（2）幼儿行为表现

建造房子时，砖头垒到一定高度就会倒塌。贝贝觉得是地面不平整导致的，开始和同伴整理场地。没过多久，小伙伴们觉得地面平整了，可以继续搭房子了。贝贝指着一个低矮处说："没好呢，那里还有点矮。"孩子们发生了争执。这时，教师提出："要不，我们找个工具来测量一下？"孩子们从木工坊找到了一些木板，平铺在工地现场，一看，地面确实还是凹凸不平的，于是继续用锄头改造场地。

（3）观察评价要点

教师对幼儿持续的行为表现进行连续观察，评价幼儿能否选择合适的参照物来验证地面是否平整。

（4）教师支持策略

观察幼儿使用劳动工具的方法，给予适当的指导。

引导幼儿在校园内寻找材料验证场地是否平整。

请幼儿分享、交流自己的方法，共享经验。

3. 技术领域的过程性评价和支持策略

（1）观察评价目标

愿意尝试使用不同的材料和方法建造屋顶。

（2）幼儿行为表现

这天，梓权一进教室就喊道："老师，房子漏雨了！"孩子们来到工地现场察看，都不清楚漏雨的原因。雨诺说："我爸爸是工程师，他肯定知道！"在大家的提议下，雨诺爸爸邀请了一位瓦匠爷爷来幼儿园为大家解惑。瓦匠爷爷来到工地上，看了孩子们搭建的房子，说："小朋友们，房屋顶上的瓦片怎样盖，这里面可藏着大秘密呢。"说着，瓦匠爷爷拿出屋顶的图片，引导孩子们观察。原来，在用瓦片盖屋顶时，应该盖两层瓦片，先盖一层朝上的，再盖一层朝下的，而且房顶必须是斜斜的，侧面看墙体上部应该是三角形的，不然容易漏水。经过瓦匠爷爷的讲解，孩子们了解了坡面屋顶的搭建方式，并将这种方法运用到实地建造中。

（3）观察评价要点

发现房子漏雨后，教师连续观察幼儿的行为表现，记录幼儿典型的语言或行为，评价幼儿是否愿意尝试使用不同的材料和方法建造屋顶。

（4）教师支持策略

采纳幼儿的建议，邀请瓦匠爷爷来指导。

引导幼儿观察瓦匠爷爷搭建侧面为三角形的房顶的方法。

引导幼儿迁移经验，尝试合作建造侧面为三角形的房顶。

第二节
来自幼儿的评价

幼儿的评价是指以幼儿为评价主体，幼儿在教师有目的、有计划的引导下，运用各种方法和工具，积极、主动地自我评价。

工程劳动课程实施过程中，幼儿的评价方式是独特的，教师不能刻板地用“批量操作”或“量化比较”来定义幼儿参与活动的过程，而应采用生动、多样的方式，让幼儿成为“重在参与”的体验者和评价者。

在工程劳动启动前、工程劳动推进中、工程劳动结束后这三个不同阶段，我们都能看到幼儿参与评价。幼儿用简洁的符号、图画和稚嫩的语言来记录他们自己的想法、感受和收获。

一、工程劳动启动阶段幼儿的评价

工程劳动启动前，教师可以通过儿童会议、儿童思维导图等幼儿广泛参与的评价方式搜集关于工程劳动内容的关键信息。活动中，幼儿被视为评价主体，这些评价方法给幼儿提供表达想法和观点的机会，使幼儿的“声音”得到足够的重视和关注，让教师真正站在幼儿的角度去思考课程的发展走向。

（一）儿童会议

儿童会议是幼儿参与评价的有效方法，这种方法以集体讨论的方式给予幼儿公开表达自己观点、想法的机会，为幼儿提供表达和交流的平台。工程劳动开始实施前，教师经常引导幼儿发起儿童会议，鼓励幼儿就某一问题进行讨论、分析，做出评价和决策。

案例片段：建造遮阳棚

孩子们在烈日下参加户外活动，不一会儿就热得满头大汗，有的孩子提出要回教室去休息，有的还没玩够，还想再玩一会儿。机灵的曦曦说：“要不我们到阴凉点的地方去玩吧，这样就没有那么热了。”大家对他的意见纷纷表示赞同。不过草坪跑道这一片区域可供乘凉的地方不多，只有两棵小树生长在跑道旁，这点儿阴凉无法满足所有孩子乘凉的需求。针对“户外乘凉难”的问题，孩子们召开了儿童会议。

妍妍：我们让园长妈妈多准备一些遮阳伞吧？

团团：不行，那种遮阳伞太小了，最多只能遮4个人。

曦曦：要不我们自己搭遮阳棚吧，就像我们去年搭暖棚一样。

乐乐：能遮住全班小朋友的遮阳棚得多大呢？搭在哪里好呢？

欢欢：得有一辆汽车那么大！可以搭在玩沙池旁边的空地上。

乐乐：肯定需要一个很大的架子。可是，我们怎么做呢？

曦曦：我们可以自己想办法，还可以请老师、家长一起来帮助我们。

曦曦的意见得到了小伙伴的一致赞同，他们纷纷表示要加入搭建遮阳棚的行动。

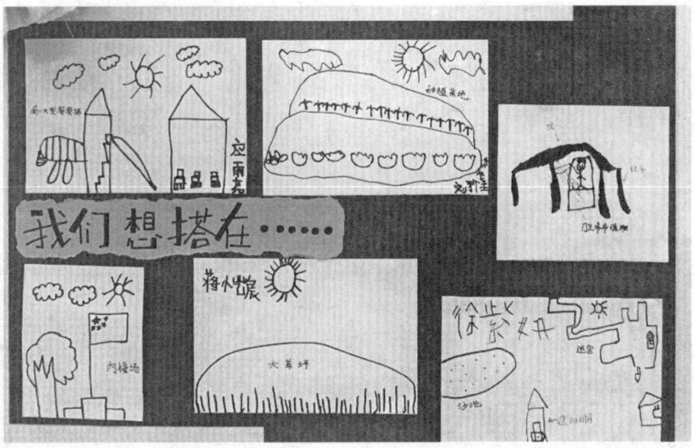

（二）儿童思维导图

儿童思维导图是一种用来构建知识、发散思维、提高学习能力的可视化工具。工程劳动中，幼儿也可以通过绘制思维导图来推进活动，将自己的想法、思维过程变得具有可视性和可操作性，这是幼儿创造性思维的一种体现。

在教师的引导下，幼儿通常会为即将开展的工程劳动收集资料，并围绕目标进行“头脑风暴”，能力较强的幼儿还能进行预设计。在绘制思维导图时，幼儿需要时刻关注活动开展到哪一步了、解决了哪些问题，并将工程劳动中的关键问题以绘画的形式表现出来。这种方式让幼儿对活动更加具有掌控感，凸显了幼儿在活动中的参与性、主动性。

案例片段：制作书架

制作书架前，幼儿围绕制作书架需要的材料、书架的制作过程等进行了讨论，并用气泡图、流程图的方式，将自己的想法绘制成思维导图。整个活动中，幼儿时刻关注活动是否按照自己绘制的思维导图开展，活动中如果遇到了问题，也会及时将其添加到思维导图中去，并针对问题进行探索。

（三）工程劳动开工仪式

在工程劳动开始之前，在教师的引导下，幼儿进行前期调查，确定要解决的问题，然后举行“充满儿童味”的开工仪式，主要目的是为幼儿搭建分享、交流、表达自己想法的平台，使幼儿成为工程劳动的小主人。开工仪式的策划和组织，传递出“以幼儿为本”的教育理念，让幼儿在活动中获得多样化的经验，给幼儿带来不一样的学习体验。

二、工程劳动推进阶段幼儿的评价

当教师长期、持续邀请幼儿对工程劳动发表意见时，幼儿变得比之前更乐于思考，善于反思和描绘他们的想法，对学习表现出更大的兴趣，活动中更加积极、主动。

工程劳动推进过程中，教师综合运用工程劳动主题墙、投票统计、工程劳动日记、集体记录板、图标式记录、儿童会议等多种方式让幼儿参与评价。

（一）工程劳动主题墙

工程劳动主题墙是随着工程劳动活动的推进而逐步呈现的墙面环境。主题墙聚焦活动中出现的问题，展现预想的和最终的解决方法，是幼儿共同参与课程评价的一种方式。

这一学习环境创设后，不断引发幼儿收集信息、设计制作、发现问题、解决问题、交流分享，是幼儿深度学习与探究的显性表现。随着工程劳动主题墙内容的丰富，幼儿在活动中变得更加主动，他们勤于思考，乐于表达，对工程劳动的走向也有了更加全面的了解，同伴之间更乐于分享经验。

案例片段：“挖泥坑”主题墙的创设

在“挖泥坑”工程劳动中，教师和幼儿针对劳动过程中逐步显现的问题共同构建工程劳动主题墙。幼儿围绕感兴趣的问题“挖怎样的泥坑”“挖不动，怎么办”“坑挖多大”“记录杂乱无章怎么办”等，尝试寻求解决办法。师幼共同将遇到的问题、活动中的探究过程等小块面地呈现在主题墙上。这是幼儿主动建构和实践探索的过程，这一做法把更多的空间、时间留给幼儿，进一步激发了幼儿主动参与课程评价的兴趣和愿望。

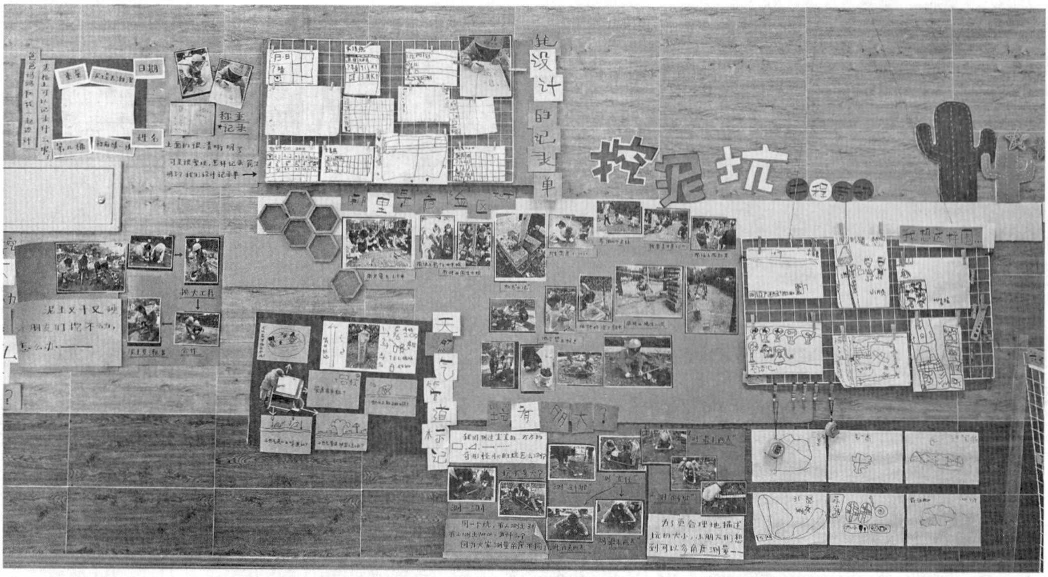

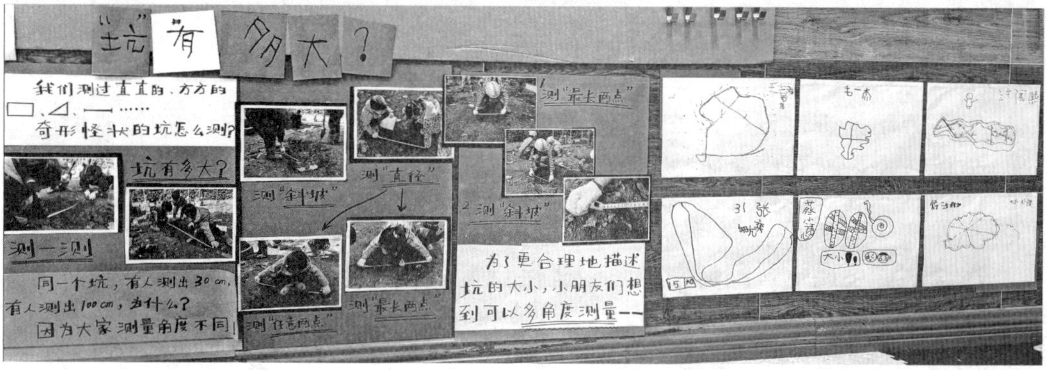

（二）投票及统计

投票与统计是指幼儿借助投票手段进行同伴互评，在同伴互评中，幼儿对解决问题的方法进行对比和反思，自主发现方法的差异，从而主动改进自身的行为。如：幼儿根据搬运砖块的真实体验进行投票，投票结果显示大家认为用小三轮车搬运砖块最适合小朋友。此外，幼儿投票后，教师将幼儿的关注点由榜样同伴聚焦到问题解决方面，让幼儿通过对比主动调整和改变自身的行为，而不是从教师立场出发要求幼儿做出改变。

案例片段：哪种搬砖工具更好?

建构区，孩子们用仿真砖搭建土灶台的游戏进行得如火如荼。当孩子们得知真正的砖块已经运到幼儿园时，一个个兴奋得摩拳擦掌，准备大干一场。但是，他们来来回回地搬了几趟砖块后，热情被磨灭，个个精疲力尽。于是，有孩子提议："幼儿园有滑板车、小推车、小三轮车、独轮车，要不，我们拿来试试看？"这个提议得到同伴的一致认同。孩子们走遍整个幼儿园，找来了各种运输工具，开始利用工具搬砖。活动后，教师组织孩子们围绕“哪种搬砖工具更好”进行投票，选出自己最喜欢的搬砖工具。从投票结果来看，孩子们最喜欢的搬砖工具是小三轮车。询问选小三轮车理由，孩子们说：“用小三轮车搬砖，既省力又搬得多。”

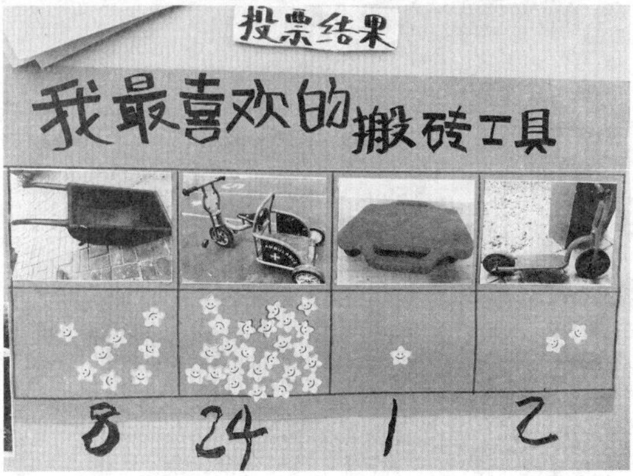

（三）工程劳动日记

工程劳动日记是教师鼓励幼儿以工程劳动实际进展情况为基础，采用绘画、泥工、语音、视频等形式记录劳动过程中发生的有趣的劳动故事。这是形式简单、表达自由的幼儿参与课程评价的一种方式，它将日记和劳动经验结合起来，反映幼儿在劳动过程中的感受、想法，有助于推动工程劳动深入开展。

案例片段：挖掘劳动日记

在“挖泥坑”工程劳动中，孩子们通过劳动日记记录活动中发生的劳动故事。比如：有些孩子对每天挖出多少泥土量比较感兴趣，因此每天记录挖泥量数据。随着挖掘劳动的不断推进，孩子们记录的数据越来越多，日记本上杂乱无章。怎样让日记起到推进工程进度的作用，并能让数据清晰明了呢？师幼共同开展讨论。“我们已经记录了哪些内容？”“哪些内容是需要记录的？”“哪些是可以不记录的？”“还可以补充哪些内容？”经过讨论，大家一致决定，要补充记录“日期”“重要数据”“姓名”这三项内容。同时，为了便于记录，有些孩子将劳动日记设计成表格形式，这样，“挖掘劳动日记”就诞生啦！孩子们用这样的方式记录每天的挖掘进度，更加有序、简洁、方便。

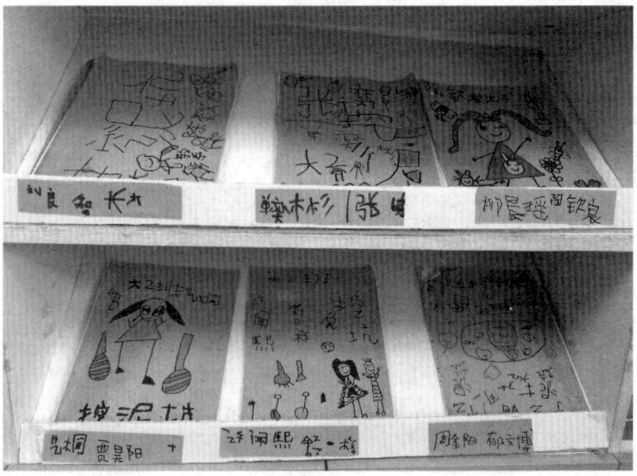

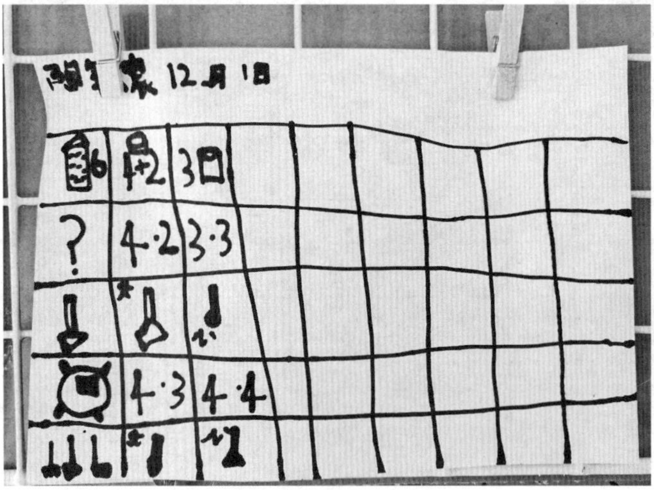

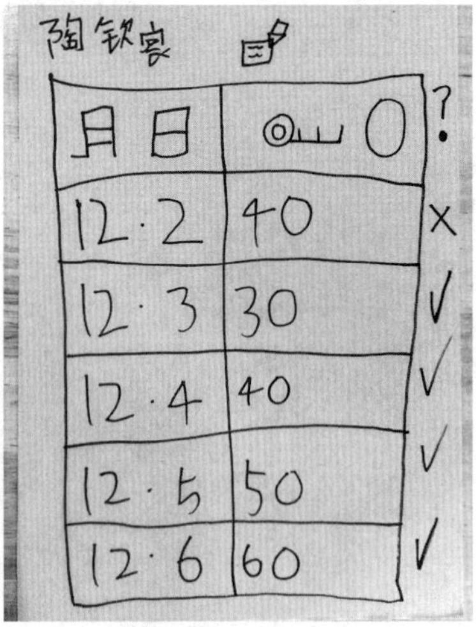

（四）集体记录板

集体记录板是在竞争性的劳动游戏情境中由工程劳动日记转变而来的。最初幼儿各自记录工程劳动日记，随着工程劳动的持续深入开展，幼儿开始关注其他人的劳动情况，产生了相互比较、竞争的需要。为了方便幼儿客观科学地比较，教师引导幼儿将个人单独记录的劳动日记转化为集体共同记录的集体记录板。

集体记录板实现了工程劳动中的信息共享。教师引导幼儿通过比较进行合理的自我评价。幼儿劳动、记录、对比，在适宜的竞争机制下相互比赛，有利于工程劳动加快推进。同时，集体记录板也是幼儿合作学习的一种直观展示，是评价小组合作学习质量的重要依据。

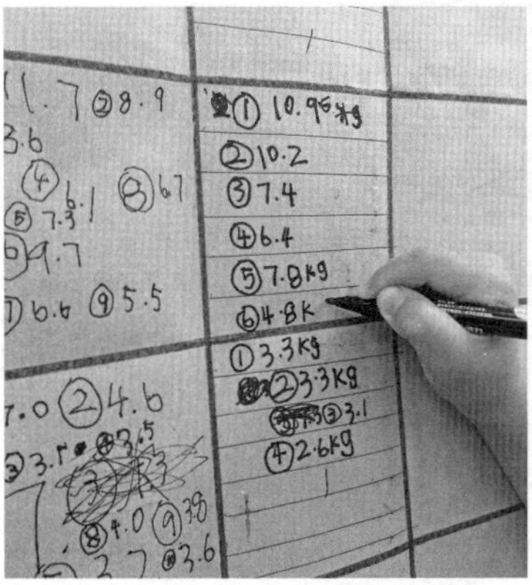

（五）图标式记录

工程劳动中，教师引导幼儿采用简单的图标对结果进行评价，鼓励幼儿对成功或失败的原因进行分析，适宜、有效的幼儿评价有助于调整或推进活动，让活动走向深入。需要注意的是，图标只是一种外在表现形式，要根据活动开展的情况与幼儿发展的需要而采用多样化、趣味性的图示方法，以提升评价的实效。

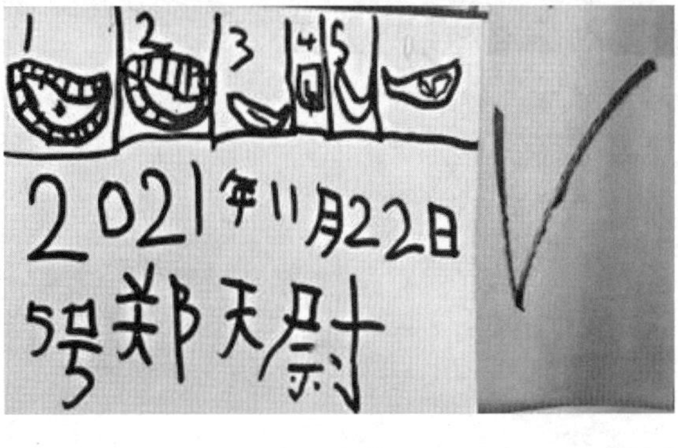

（六）儿童会议

工程劳动开展过程中，遇到要解决的问题，教师和幼儿也会召开儿童会议，让幼儿参与对活动的决策。首先，儿童会议上，幼儿在群体中公开表达自己的意见，并和同伴、教师进行交流，这有助于幼儿在工程劳动实施过程中进一步认清自己的需求，形成自己的观点，并进行表述。其次，儿童会议让幼儿认识到可以通过自己的语言和行动影响工程劳动的走向，体验到自己的行为产生的效果和影响，增强自我效能感。此外，幼儿为了满足兴趣、实现愿望，需要和同伴、教师共同协商，共同寻找解决问题的方法，他们除了关注自己的愿望和需求之外，也学会在儿童会议中倾听、尊重和接纳他人的愿望和需求，并在必要时改变自己的意见，做出妥协。最后，儿童会议有助于幼儿从小熟悉议事和决策的规则，积极参与和自己有关的社会交往活动，为日后参与社会生活做好准备。

案例片段：一米有多长

孩子们想做一个遮阳棚，他们很快就遇到了问题："一米有多长呢？"围绕这个问题，孩子们开了一场儿童会议。

博文：一米跟我走六步一样多，让我来试试。

曦曦：我觉得一米跟我的手臂一样长。

子骞：一米应该和我的身体一样长。

蔚蔚：我认为一米应该和我跨一步那么长。

师：每个小朋友意见都不一样，该怎么办呢？谁的答案对呢？

天天：我们需要邀请更多的小朋友一起来商量一下测量标准。

于是，更多的孩子围坐在一起热烈讨论起来，其中瑶瑶的话得到了大家的一致认同，瑶瑶说："我们可以用测量工具来量一量。程老师有个长长的米尺，好像就是一米的。"

芳芳说："还有门卫师傅经常用的卷尺也可以用来测量。"

于是，小朋友们分头找来各种尺，运用这些测量工具量出了一米的距离。有了对一米的直观感受后，他们根据经验，决定做一个长三米、宽两米的遮阳棚。

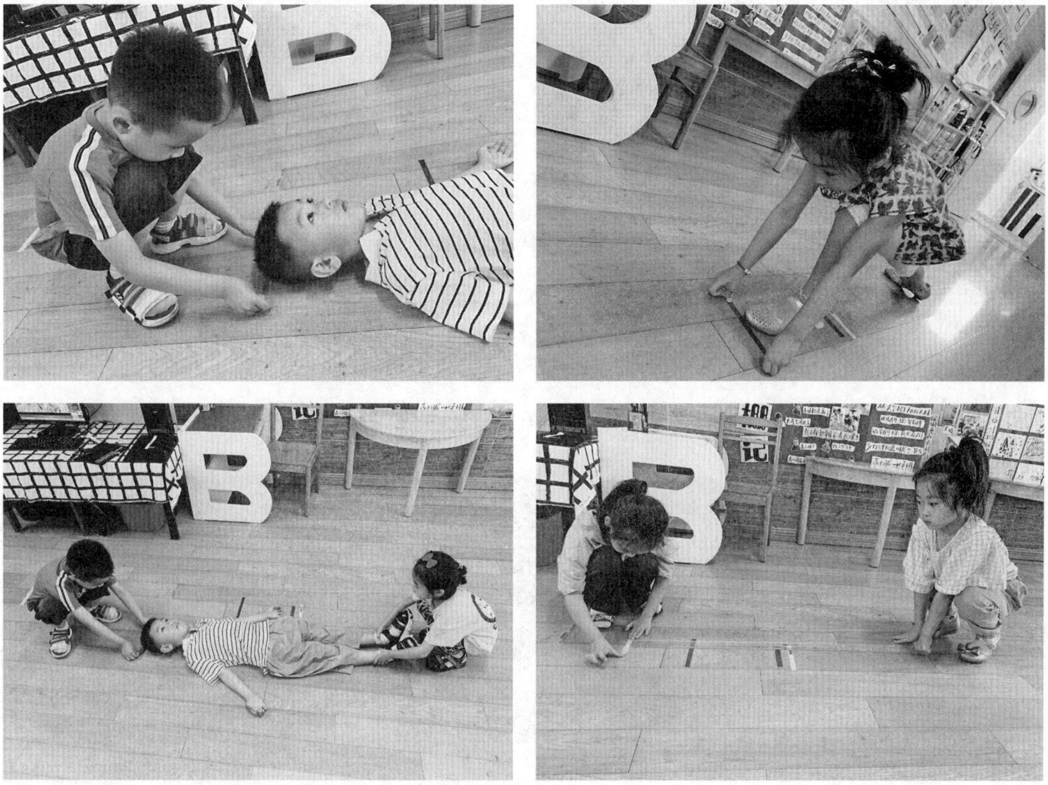

三、工程劳动成果推广阶段幼儿的评价

在工程劳动的后期，幼儿会运用多种方法对劳动成果进行检验、推广和评价，幼儿亲身参与，积极表达，这是一种真实、开放的评价。如：举行工程劳动成果发布会，介绍活动过程及成果；关注劳动成果投入使用后的问题，进一步完善劳动成果等。这些都是幼儿作为评价主体参与活动的体现。幼儿通过向他人描述、介绍劳动成果，亲身体验劳动成果的使用感受，回顾和反思整个工程劳动的过程，总结活动中获得的经验，为后续的学习和发展奠定坚实的基础。

（一）对劳动成果的检验

工程劳动中，幼儿需要通过团队合作完成一项劳动成果，如雨水收集器、书架、大水车、游戏房、落叶池等，并通过多种形式对劳动成果进行检验。幼儿检验成果的过程，就是幼儿参与工程劳动评价的过程。

大水车终于可以投入使用啦！幼儿连通水源，检验水车是否能够顺利转动。

幼儿将造好的长椅搬到户外场地，然后通过不断增加坐在椅子上的人数来检验椅子的承重性及稳固性。

雨水收集器投放到户外使用了，幼儿在雨天观察雨水收集器的工作情况，检验雨水是否按照预先的设计被层层过滤，最终成为浇灌用水。

落叶池建造完成后，幼儿对这个劳动成果进行宣讲、介绍，并邀请全园幼儿来体验、游戏，检验落叶池是否能容纳 15 人共同游戏。

恐龙运被拖车完工了，幼儿将铺盖有序地摆放在拖车上，合力将拖车拖到幼儿园门口，检验拖车是否牢固、轮子能否顺畅地滚动。

（二）工程劳动成果发布会

工程劳动成果发布会是展示劳动成果的方式之一，也为幼儿创设了共同参与评价的机会。小小工程师们结合自制的“工程劳动大书”、劳动过程视频等，现场介绍劳动成果，和小评委们互动，最终由大家投票选出最喜欢的工程劳动成果。这样的评价活动，并不是为了得到“最受欢迎的工程劳动成果”这样一个结果，而是让幼儿参与评价过程，让他们提问、分享、表达，促进幼儿全方位的发展。

（三）工程劳动成果投入使用后幼儿的反馈

工程项目建造工作的完工，并不意味着课程的结束。工程劳动成果投入使用后，幼儿会发现并表达使用中遇到的问题，这也是一种幼儿参与评价的方式，它能引发幼儿之间的信息分享，激发幼儿反思、调整、优化劳动成果，凝聚团队的智慧，在不断尝试、不断改进的迭代过程中，培养精益求精的学习品质。

案例片段："泥巴乐园"投入使用后

"泥巴乐园"竣工了！在大家的期盼下，终于迎来了"泥巴乐园"投入使用的激动时刻。当大家都穿着雨披在"泥巴乐园"玩泥时，他们发现了不同的问题——连体式雨披穿脱不方便，需要别人帮忙；分体式雨披穿脱方便，但是容易湿了鞋袜。怎么办呢？孩子们经过体验，一致觉得连体雨披更适合玩泥，因为不会弄脏、弄湿鞋袜，穿脱可以同伴合作完成。

游戏结束，当孩子们脱下雨披时，又发现了新的问题：

"我们的雨披放在哪里呢？"

"带回教室。"

"不行，雨披上都是泥，会把教室弄脏，阿姨还要打扫呢！"

"那放在泥坑旁？可是没有地方可以摆放呀！"

……

当充满童趣的"泥巴乐园"展现在孩子们面前时，他们都觉得它是完美的。可当它真正投入使用时，我们听到了幼儿的声音，幼儿从"被评价者"转变为"参与评价者"。他们在亲身体验中发现了一系列细节问题，这也促使他们重新思考"泥巴乐园"各方面的适宜性、便利性、可行性，并有针对性地做出相关调整。

第三节
来自家长的评价

在工程劳动实践中，传统的以教师为单一评价主体的现象已悄然转变，除了幼儿参与评价外，家长参与评价的力度也在不断增强。在教师、幼儿、家长的共同参与下，我们形成了积极、友好、平等的多元评价体系。

回顾以往，家长对劳动教育课程的认同情况并不乐观，我园在劳动教育实践中，始终以工程劳动为载体，深入指导家长树立正确的劳动教育观念，为家长提供系统化的指导。其中，让家长参与到工程劳动课程的建设和多元评价中来，就是我们行之有效的一个做法。

我园从家长对工程劳动教育认识的偏差入手，重塑家长的劳动教育观念，通过指导家长参与对工程劳动的评价，提高家长陪伴、指导幼儿的能力与水平，从而带来更适宜的亲子陪伴，推动劳动教育高质量发展。

当家长对幼儿园开展工程劳动教育有了正确的认识后，家长就自然参与到对工程劳动的评价中来。由于家长的职业背景、受教育程度、社会身份基本各不相同，他们参与评价的能力、时间、精力也会有较大的个体差异，幼儿园应充分考虑这些因素，以多元评价方式吸引家长参与课程评价。

一、工程劳动启动阶段家长的评价

引导家长参与工程劳动课程评价，首先要激发家长的积极性。调动家长的积极性可以从以下几方面着手。

（一）请家长共同参与课程策划

在工程劳动启动前，教师会对班级工程劳动的目标和内容做梳理，面向全体家长召开“工程劳动课程说明会”，围绕班级工程劳动内容的由来、拟定的实施方式、预期幼儿在哪些方面会有成长和发展等，与家长进行沟通，让家长充分了解班级内即将开展的工程劳动内容，共同参与对课程的策划。

案例片段：“建造漂浮船”工程劳动课程说明会

在工程劳动“建造漂浮船”课程说明会上，教师邀请家长参与体验，以“沉浮游戏”导入，引起家长对课程的兴趣。随后，教师向家长介绍班级工程劳动“建造漂浮船”的由来——它源于孩子们想要到水池中央玩水的想法。家长纷纷对孩子的想法表示支持。接着，教师向家长介绍了孩子们预先的设计和想法，家长不由得为孩子们的创意点赞。同时，家长们集思广益，发表了很多独特的见解，也提出可以为幼儿园提供物质和技术资源。家长的积极参与为班级开展工程劳动课程提供了强有力的支持和辅助。

（二）请家长共同丰富课程资源

家庭是幼儿园重要的合作伙伴，幼儿园在实施工程劳动教育时，应本着尊重、平等、合作的原则，争取家长的理解、支持、参与，只有家长身体力行地亲身参与，积累相关经验，感受到课程对于幼儿发展的意义，他们才能自愿、主动地加入到课程评价中来。

案例片段：亲子采购木材

确定班级要将“制造图书架”作为工程劳动的内容后，教师在群内发布了材料采购清单，家长主动承担起这项任务，利用周末时间带着孩子前往木材市场采购。因为教师对家长进行过前期指导，家长知道要将更多的锻炼机会留给孩子，他们鼓励孩子自主与导购人员进行沟通。孩子们在对木料的材质、价格等进行多重比较后，最终确定并购买了所需的木材。在对木料进行切割时，家长又和孩子一起前往木材加工厂，引导孩子认识机器，并在工作人员的帮助下使用机器完成了切割任务。在一系列亲身体验后，家长将参与活动的感受、体会发布在班级群内，起到了示范作用，也带动了其他家长参与工程劳动的积极性。

二、工程劳动推进阶段家长的评价

在工程劳动推进过程中，家长可以通过多种途径参与课程，同时作为课程评价者进一步了解幼儿园的工程劳动。

（一）家长共同参与课程评价并推进课程

1. 模型制作

工程劳动中，幼儿常常会根据需要制作相应的模型，为后期的实地建造积累经验。家长也经常参与这项工作，他们这样做，不仅能够了解幼儿在活动中的发展情况，也能对工程劳动有更加深入、全面的了解，还能更好地参与课程评价。

案例片段：亲子制作书架模型

为充分发挥家长在活动中的作用，加深幼儿对书架制作工作的认知，幼儿和家长一起制作书架模型。亲子共同收集材料、设计图纸，并使用多种工具来制作。尽管部分工具使用时有一些难度和危险性，但在家长的引导和帮助下，幼儿渐渐成为制作的主力，家长在一旁指导和评价，鼓励幼儿成功地制作出许多富有创意的书架模型。

2. 图纸设计

图纸设计是每个工程劳动课程中至关重要的环节，由于幼儿的能力水平有限，他们设计的图纸一般只表现物体的外形特征。具备相关专业技能的家长参与到图纸设计工作中，不仅能丰富幼儿设计图纸的经验，还能使家长评价对幼儿的发展起到新的促进作用。

案例片段：设计师舅舅的帮助

制造班级图书架时，萌萌拿着自己的书架设计图向设计师舅舅进行介绍，设计师舅舅一看图纸，便笑着说："萌萌，根据你的设计图纸，是做不出书架来的。"萌萌仔细观察图纸："对呀，我只画了书架的外形。"舅舅边说边打开电脑："给你看看我的设计图。你看，我们设计时可以把需要的材料和尺寸都标注出来。当然，这对小朋友来说比较难。”萌萌开心地说：“没关系，舅舅，我可以找老师和同学一起帮忙。”萌萌舅舅对图纸的评价，让萌萌对图纸设计工作有了更加深刻的认识。回到幼儿园后，萌萌把舅舅的话告诉给小伙伴，在老师的帮助下，大家一起对图纸进行了修改，画出了第二版设计图。

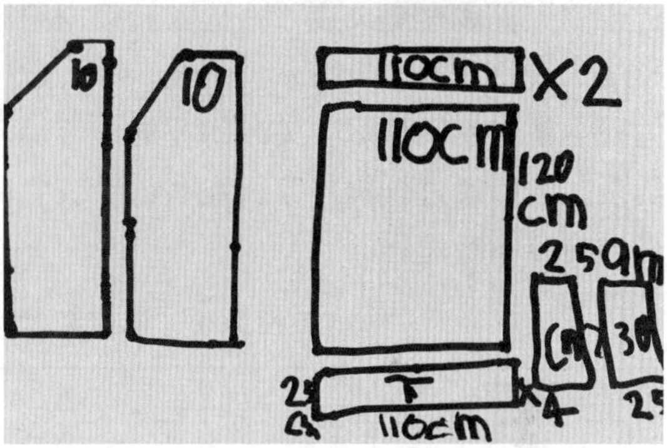

3. 专业指导

工程劳动中，幼儿常常会遇到各种问题，如材料的选择、工具的使用、场地的选址等，但有时教师的专业能力有限，无法准确地帮助幼儿解决工程类的问题。因此，教师通过家长助教、家长进课堂等形式，邀请从事相关工作的家长共同参与工程劳动课程评价，帮助幼儿解决遇到的问题。

案例片段：木工爸爸进课堂

造椅子时，孩子们对椅子的结构和各部件的连接方法存在一些疑问。教师邀请了有专业木工知识的欢欢爸爸来园，请他给大家答疑解惑。欢欢爸爸带来了可拆卸、可组装的椅子，和孩子们共同拆装，在此过程中，欢欢爸爸详细介绍了椅子的结构、椅子各部位的组装方法等。通过欢欢爸爸的讲解，孩子们对椅子的结构和组装方法有了更加全面和深入的认识。随后，孩子们拿出自己制作的椅子给欢欢爸爸看，欢欢爸爸表扬了大家，同时也引导孩子们发现椅子组装方面的问题，并再次讲解组装椅子时需要注意的事项。

（二）家长在活动中进行观察与评价

工程劳动推进过程中，请家长走进幼儿园，观察幼儿在劳动中的真实表现，再对幼儿进行评价，这是尤为重要的。我园教师结合工程劳动内容和幼儿发展指标设计了“家长观察记录表”，请家长根据记录表的要求仔细观察并客观记录，从不同角度了解幼儿的学习与发展情况。如：建造“彩虹游戏房”活动中，教师聚焦幼儿的社会情感发展目标，关注幼儿的学习品质，从多方面指导家长进行观察与评价，随后，教师通过分析“家长观察记录表”中的信息，为活动推进提供依据，使工程劳动内容不断优化。

工程劳动“彩虹游戏房”家长观察记录表

<table>
<tr><td>工程劳动</td><td colspan="4">彩虹游戏房</td></tr>
<tr><td>活动介绍</td><td colspan="4">天气炎热，幼儿在户外活动时觉得很热，便有了想要建造户外彩虹游戏房的想法。目前，该工程项目已进入团队合作的实地建造阶段，幼儿在前期的模型设计活动中，对游戏房的建造已有了一定的经验。</td></tr>
<tr><td>材料提供</td><td colspan="4">锯子、榔头、钉子、尺、安全帽、手套，各种宽度、厚度的木料等。</td></tr>
<tr><td rowspan="6">观察要点（在相应的□中画√）</td><td>主动性</td><td>□积极参与</td><td>□能够参与</td><td>□不主动</td></tr>
<tr><td>合作性</td><td>□引领者</td><td>□跟随者</td><td>□不合作</td></tr>
<tr><td>坚持性</td><td>□ 30 分钟以上</td><td>□ 20 分钟左右</td><td>□ 10 分钟以内</td></tr>
<tr><td>专注度</td><td>□专心完成任务</td><td>□易受他人影响</td><td>□频繁更换任务</td></tr>
<tr><td>交流表达</td><td>□主动交流，乐于表达想法</td><td>□在鼓励下表达自己的想法</td><td>□较少表达自己的想法</td></tr>
<tr><td>完成情况</td><td>□圆满完成</td><td>□基本完成</td><td>□未完成</td></tr>
<tr><td>现场实录</td><td colspan="4"></td></tr>
<tr><td>活动反馈</td><td colspan="4"></td></tr>
</table>

三、工程劳动结束阶段家长的评价

家长是工程劳动课程的重要参与者和评价者。家长通过亲身参与，感受劳动成果对幼儿发展的意义，他们的评价从一定程度上反映了工程劳动课程的实施成效。

（一）幼儿参与工程劳动后家长的评价

真正成为工程劳动课程参与者的家长，能了解幼儿在知识、技能、情感态度等方面的发展，能更好地成为幼儿发展的评价者。课程结束后的家长评价模式大致包含以下几种：

1. 分享参与工程劳动的感悟

在老师的倡导下，我们在家中带孩子参与了本次“自制小书架”亲子活动。虽然这只是一个亲子活动，但我们和孩子都收获良多。在亲子制作过程中，我们发现孩子的思路非常清晰，从选材、画图，到裁剪、粘贴，每个步骤都很有自己的想法。我们深刻地感受到孩子动手能力和思维能力的提升，而这得益于老师们在园里对孩子的悉心引导。

幼儿园的工程劳动我们已经参加过两次。这是非常棒的课程，它不仅让孩子对生活中的事物有了更强的观察力，也提高了孩子的思维与动手能力，还让我们家长在繁忙的工作之余有更多的机会和孩子共同参与有意义的事情，体会到了陪伴孩子的重要性。今后，我们作为家长，将继续不遗余力地配合、支持幼儿园与老师的教育工作。同时，再次感谢老师们的辛苦付出！

——来自萌萌妈妈

2. 家长通过线上平台进行反馈

幼儿园应有效利用好诸多沟通平台，这是家长顺畅反馈感受和评价的重要通道，能保障家长参与评价的积极性。随着信息技术的发展，便捷的在线交流平台为家长随时随地参与课程评价提供了可能。家长可以发表自己的观点，留下自己的评价，更可以通过了解他人的评价而产生学习与互动的愿望，引发更深层次的思考，从而在幼儿园、班级里形成良好的评价、互动氛围。

（二）结合幼儿发展评价指标进行评价

工程劳动中，家长的评价是多元的、真实的，对课程的实施起着重要的导向和质量监控作用。我们把握“以评价促发展”这个原则，既关注幼儿的整体差异，又关注幼儿的个体差异，重视家长评价指标的多元化，以形成更系统、更规范的评价方式。

幼儿园工程劳动家长评价表

评价领域	评价项目	评价指标		
		★★★	★★	★
健康	积极参与收集、搬运材料等劳动活动。			
	遇到困难能坚持，不怕难、不怕累。			
	会正确使用各种工具，知道保护自己的简单方法。			
语言	能与家长共同探讨活动中遇到的问题，商讨解决问题的办法，大胆表达自己的想法。			
社会	愿意分享工程劳动过程中的趣事，感受工程劳动的乐趣。			
	能认真负责地完成自己所承担的任务，愿意在家庭中分享自己的劳动经验。			
	愿意分工合作，主动出主意、想办法，遇到困难积极动脑解决。			
科学	愿意和家长一起查阅资料、搜集材料，对自己参与的工程劳动有一定的了解。			
	主动思考，不怕失败，不断尝试新办法。			
	遇到问题会观察、比较、分析。			
工程技术	在参加工程劳动亲子活动时能根据目的选择适合的材料。			
	会安全、正确地使用工具解决在工程劳动中遇到的问题。			
	有创造性地制作物品。			

综上所述，工程劳动的开展不是教师的“独角戏”，家长是课程发展的重要主体之一。幼儿能从家长那里获取相关课程经验和资源，家长能以幼儿的表现为依据反思家庭教育的内容和方法。因此，合理引导家长参与工程劳动课程评价，可以提升家长参与评价的主动性、客观性，也体现了幼儿发展评价主体多元化这一时代要求，是工程劳动课程评价体系中最重要的部分之一。

参考文献

[1] 李季湄，冯晓霞.《3—6 岁儿童学习与发展指南》解读 [M]. 北京：人民教育出版社，2013.

[2] 苏霍姆林斯基. 怎样培养真正的人 [M]. 蔡汀，译. 北京：教育科学出版社，1992.

[3] 莎莉·穆莫. 早期 STEM 教学：科学、技术、工程与数学的整合活动 [M]. 李正清，译. 南京：南京师范大学出版社，2017.

[4] 陈秀云，陈一飞. 陈鹤琴全集 [M]. 南京：江苏教育出版社，2008.

[5] 张俊. 幼儿园科学领域教育精要：关键经验与活动指导 [M]. 北京：教育科学出版社，2016.

[6] 安·S. 爱泼斯坦. 科学和技术：关键发展指标与支持性教学策略 [M]. 霍力岩，刘睿文，任宏伟，刘凌云，译. 北京：教育科学出版社，2018.

[7] 程学琴. 放手游戏　发现儿童 [M]. 上海：华东师范大学出版社，2020.

[8] 裘迪·哈里斯·赫尔姆，丽莲·凯兹. 小小探索家：幼儿教育中的项目课程教学 [M]. 林育玮，洪尧群，陈淑娟，彭欣怡，译. 南京：南京师范大学出版社，2004.

[9] 安·S. 爱泼斯坦. 学前教育中的主动学习精要——认识高宽课程模式 [M]. 霍力岩，郭珺，等译. 北京：教育科学出版社，2012.

[10] 德布·柯蒂斯，玛吉·卡特. 关注儿童的生活：以儿童为中心的反思性课程设计（第 2 版）[M]. 郑福明，张博，译. 北京：教育科学出版社，2015.

[11] 虞永平. 幼儿园课程资源挖掘和利用的问题及解决思路 [J]. 早期教育，2020（10）.

[12] 郭姗. 从“自发”到“自觉”：回归生活的幼儿园劳动教育 [J]. 教育科学论坛，2020（26）.

[13] 黄英杰，张钊瑜. 幼儿劳动教育：价值、实施原则及实践路径 [J]. 教育与教学研究，2021（07）.

[14] 顾建军，毕文健. 刍议新时代劳动教育课程的一体化设计 [J]. 人民教育，2019（10）.

[15] 林克松，熊晴 . 走向跨界融合：新时代劳动教育课程建设的价值、认识与实践 [J]. 湖南师范大学教育科学学报，2020.

[16] 郭姗，鄢超云 . 走向劳动品质：幼儿园劳动教育的应然进路 [J]. 教育导刊（下半月），2021（08）.

[17] 王一雯，梁艳 . 新时代加强幼儿园劳动教育的价值意蕴与实践路径 [J]. 河南科技学院学报，2021（06）.

[18] 姜晓，胥兴春 . 我国幼儿园劳动教育实施现状及路径探析 [J]. 重庆第二师范学院学报，2020（1）.

[19] 白艳，王凯 . 幼儿园 STEM 教育活动实施路径的探索与实践 [J]. 儿童与健康，2020（02）.

[20] 黄巧玲 . 近十年我国幼儿园区域活动材料投放研究的回顾与反思 [J]. 辽宁教育，2020（08）.

后　　记

江阴市西郊中心幼儿园教育集团由江阴市西郊中心幼儿园和江阴市芙蓉幼儿园两个独立建制幼儿园组制而成。2019 年，集团加入南京师范大学教育科学研究院虞永平、刘颖老师领衔的全国幼儿园劳动教育研究团队，在专家的引领下，我们以工程劳动为主要研究对象，进行了大量的探究与实践，收获了一些关于幼儿园工程劳动教育的经验。

西郊中心幼儿园教育集团历来是一所以科学教育为特色的幼儿园，在“让儿童的生活充满智慧”的办园理念下，着力打造“博爱、博阅、博务、博越”的智慧型教师团队。我们倡导“让幼儿像玩游戏、过生活一样学科学”，幼儿园科学教育的特色不断彰显，2017 年，我园被推荐为江苏省 STEM 教育项目试点学校。在实践研究中，我园积累了组织实施幼儿工程活动的粗浅经验，为研究幼儿园工程劳动教育打下了良好的基础。加入虞永平、刘颖老师领衔的劳动教育研究团队后，我园立足园情，锐意创新，结合《3—6 岁儿童学习与发展指南》《幼儿园保育教育质量评估指南》《关于全面加强新时代大中小学劳动教育的意见》等相关文件精神，积极学习劳动教育相关文献资料，从课程的角度审视幼儿园工程劳动教育，探寻幼儿园工程劳动教育课程的理念和实践路径，优化课程设置和评价方式，尝试在实践中初步建构新时代幼儿园工程劳动教育课程体系。

在本书编写过程中，我们力求使理论和实践相结合，将近几年来我园在实践研究中积累的鲜活的、有价值的工程劳动案例融合到各章节中，期望与更多学前教育工作者共享我们的实践经验，帮助大家更加明晰幼儿园开展工程劳动教育的方向，通过工程劳动课程实践来更好地理解、落实幼儿园劳动教育。

本书由谈海燕、徐芳负责统稿工作，课题组核心成员有：谈海燕、徐芳、唐胜娟、华夏冰、夏柯萍、陈奕、潘晓艳、韩梅、吴曦远、顾江怡、徐聪颖、夏袁、叶亚芹、黄莹、程丽娜、曹君、汤国娣、周丽君、黄秋燕、黄芳、包纯花等，在此，向这些老师深表感谢！

我们要特别感谢南京师范大学虞永平、刘颖老师对幼儿园劳动教育的引领和支持。两位老师用贴近前沿的劳动教育理念指引着幼儿园劳动教育课程的探索之路，确保课程建设的科学性、适宜性和有效性。这是高校专家团队和幼儿园共同合作、共同打造具有实践指导意义的幼儿园劳动教育课程模式的探索与尝试。

同时，我们也衷心感谢江苏凤凰教育出版社的领导和编辑为本书的出版与发行所做的多重努力。

最后需要说明的是：幼儿园工程劳动教育课程并没有既定模式，也没有完美的课程方案。本书呈现的仅仅是我园工程劳动教育实践粗浅经验的阶段性总结和部分案例，其中必有不完善之处，希望借此书抛砖引玉，为广大幼儿园结合自身特点研发幼儿园劳动教育园本课程介绍一些经验，带来一点启发，诚挚欢迎广大读者提出批评与建议！

江阴市西郊中心幼儿园教育集团工程劳动课题组